基于语用语言学视角下的
专有名词学研究

王 淼 ◆ 著

中国社会科学出版社

图书在版编目（CIP）数据

基于语用语言学视角下的专有名词学研究 / 王淼

著.—北京：中国社会科学出版社，2016.12

ISBN 978 – 7– 5161 – 8335 – 9

Ⅰ. ① 基… Ⅱ. ① 王… Ⅲ. ① 名词术语—研究 Ⅳ. ① H083

中国版本图书馆CIP数据核字（2016）第123931号

出 版 人	赵剑英	
责任编辑	刘晓红	
责任校对	周晓东	
责任印制	戴　宽	

出　　版	中国社会科学出版社	
社　　址	北京鼓楼西大街甲158号	
邮　　编	100720	
网　　址	http://www.csspw.cn	
发 行 部	010 – 84083685	
门 市 部	010 – 84029450	
经　　销	新华书店及其他书店	

印　　刷	北京明恒达印务有限公司	
装　　订	廊房市广阳区广增装订厂	
版　　次	2016年12月第1版	
印　　次	2016年12月第1次印刷	

开　　本	710×1000　1/16	
印　　张	16	
插　　页	2	
字　　数	303千字	
定　　价	78.00元	

Contents

ВВЕДЕНИЕ i

Глава 1 Научные подходы к сопоставительному исследованию
прагматонимов 1

1.1 Основные этапы развития коммерческой номинации 1

    1.1.1 Развитие коммерческой номинации в Европе 2

    1.1.2 Развитие коммерческой номинации в России.................. 6

    1.1.3 Развитие коммерческой номинации в Китае 13

1.2 Русские и китайские прагматонимы как объект
ономастического исследования.. 20

    1.2.1 Понятие прагматонима в современной ономастике.......... 20

    1.2.2 Подходы к ономасиологической классификации
прагматонимов.. 23

        1.2.2.1 Исследования российской прагматонимии 24

        1.2.2.2 Исследования китайской прагматонимии 42

Выводы по первой главе 56

Глава 2 Прагматика названий кондитерских изделий 59

2.1 Понятие номинативной ситуации 59

2.2 Кондитерские изделия как объект номинации:
экстралингвистический аспект 68

2.3   Отношение *автор-адресат* 79

   2.3.1   Автор и адресат как главные составные компоненты
речевого акта 79

   2.3.2   Отобъектные названия 85

   2.3.3   Отадресатные названия 91

      2.3.3.1   Учёт возраста адресата............................ 92

      2.3.3.2   Учёт национально-культурных особенностей
адресата 95

2.4   Лингвистические средства прагматизации русских и
китайских названий кондитерских изделий................................. 110

   2.4.1   Понятие прагматического принципа 110

   2.4.2   Лингвистические способы реализации прагматических
принципов создания названий кондитерских изделий 116

   2.4.3   Манипулятивный принцип создания названий
кондитерских изделий 134

2.5   Паралингвистические средства прагматизации русских и
китайских названий кондитерских изделий.......................... 147

   2.5.1   Типология паралингвитических средств 147

   2.5.2   Рисунки и символы 155

   2.5.3   Цвет.. 167

   2.5.4   Шрифт 172

   2.5.5   Форма изделия 180

   2.5.6   Манипулятивная функция паралингвистических
средств 183

Выводы по второй главе 186

ЗАКЛЮЧЕНИЕ 193

ПРИЛОЖЕНИЕ 201

БИБЛИОГРАФИЯ 211

ВВЕДЕНИЕ

В связи с бурным развитием товарных отношений в современном мире особую значимость приобретают такие объекты промышленной собственности, как словесные товарные знаки, обеспечивающие должную индивидуализацию предприятий и органиций, а также производимых ими товаров и услуг. В течение долгого времени словесные товарные знаки интересовали лишь маркетологов и специалистов по рекламе. Сегодня в результате появления многочисленных названий товаров и услуг и высокой степени их воспроизводимости в различных коммуникативных ситуациях лингвисты начали обращать внимание на этот слой лексики.

В современной лингвистической науке словесные товарные знаки являются объектом ономастического исследования. С каждым годом лингвисты обращают всё большее внимание на исследование этих особых онимов. В России и Китае появилось много лингвистических работ, посвящённых словесным товарным знакам [З.П. Комолова 1971, 1972, 1974; А.Л. Василевский 1970, 1971, 1984; А.В. Суперанская и Т.А. Соболева 1986; М.Е. Новичихина 2003; И.В. Крюкова 2004; Т.П. Романова 2007; О.С. Фоменко 2009; Цзо Сюйчу 2002; Чжу Яцзюнь 2003; У Ханьцзян и Цао Вэй 2005; Ма Дунци и Кан Вэйминь 2007 и др.]. Но, несмотря на это, недостаточно изучены интернациональные и национально-специфичные особенности создания наименований конкретных классов продукции, кроме того, среди ономастических исследований нет работ, посвященных сопоставительному изучению русских и китайских словесных товарных знаков.

Таким образом, **актуальность** настоящего исследования обусловлена, во-первых, экстралингвистическими причинами: появлением новых типов названий в сфере торговли и бурным развитием торгово-экономических отношений в России и Китае; во-вторых, собственно лингвистическими (ономастическими) причинами: необходимостью дальнейшего изучения периферийных ономастических разрядов и анализа ономастического материала в сопоставительном аспекте на материале неблизкородственных языков. Работа выполнена на стыке ономастики, прагмалингвистики и лингвокультурологии, для иллюстрации некоторых положений привлекались данные социологии, культурологии и экономики.

Объектом исследования являются русские и китайские прагматонимы (названия кондитерских изделий).

Предметом исследования выступают общие и национально-специфические структурно-семантические и прагматические особенности русских и китайских названий кондитерских изделий.

Цель работы – выявление и сопоставление прагматических факторов, определяющих лингвистическую и паралингвистическую специфику русских и китайских названий кондитерских изделий.

Для достижения данной цели были поставлены следующие **задачи:**

1) рассмотреть историческую эволюцию коммерческой номинации в русской и китайской лингвокультурах;

2) определить структуру и основные свойства номинативной ситуации, в рамках которой происходит присвоение названия кондитерскому изделию;

3) выявить и сопоставить тематические группы русских и китайских названий кондитерских изделий, отражающие особенности номинативной ситуации;

4) определить прагматические принципы создания русских и китайских названий кондитерских изделий;

5) описать и сопоставить лингвистические и паралингвистические средства прагматизации названий русских и китайских кондитерских изделий.

Теоретико-методологической базой данной работы послужили четыре группы взаимодополняющих исследований: 1) работы, посвященные общетеоретическим проблемам ономастики (В.Д. Бондалетов, М.В. Голомидова, И.В. Крюкова, А.К. Матвеев, Р.Ю. Намитокова, Н.В. Подольская, А.В. Суперанская, В.И. Супрун); 2) работы, в которых рассматриваются разнообразные аспекты создания, восприятия и функционирования отдельных групп рекламных имён (А.Л. Василевский, О.В. Врублевская, С.О. Горяев, А.А. Исакова, О.В. Кирпичева, З.П. Комолова, М.Е. Новичихина, В.А. Ражина, Т.П. Романова, Е.А. Сотникова, Н.А. Стадульская, Т.А. Соболева, И.И. Файзуллина, О.Е. Яковлева, Чжу Яцзюнь, Цзо Сюйчу, У Ханьцзян, Цао Вэй, Ма Дунци, Кан Вэйминь); 3) работы по прагмалингвистике, в которых рассматриваются проблемы влияния речевой ситуации на выбор и употребление языковых единиц (Е.Е. Анисимова, Н.Д. Арутюнова, Т.А. Ван Дейк, А. Вежбицкая, В.Г. Гак, В. Гумбольдт, Г.В. Колшанский, Дж. Остин, Б.А. Плотников, В.З. Санников, Дж. Сёрль, Д.Н. Узнадзе, М.Ю. Федосюк); 4) исследования по лингвокультурологии, в которых рассматривается национально-культурная обусловленность номинативной деятельности (В.В. Воробьёв, Ю.В. Горшунов, В.В. Красных, В.А. Маслова).

Поскольку исследование осуществлялось преимущественно в рамках синхронного сравнения, основным общенаучным **методом** является синхронно-описательный, включающий приёмы наблюдения, интерпретации и классификации собранного материала. Основными лингвистическими методами являются сопоставительный и компонентный анализ, для выявления общих и различительных особенностей русских и китайских прагматонимов использовался приём количественных подсчетов.

Материалом исследования послужили наименования кондитерских изделий России и Китая, которые были собраны путём сплошной выборки из различных источников: этикетки, специализированные журналы, рекламные каталоги кондитерских изделий. Общее количество проанализированных названий составило 3700 единиц, в том числе 1850 русских и 1850 китайских названий кондитерских изделий. Сбор материала проводился с 2006 г. по 2010 г.

Научная новизна диссертации состоит в том, что в ней определяется статус названий кондитерских изделий как ономастических единиц, находящихся на периферии ономастического поля; выявляются черты сходства и различия в выборе принципов и способов номинации, обусловленные национально-культурными традициями и экономическим состоянием русского и китайского современного общества.

Теоретическая значимость работы заключается в исследовании национально-культурных особенностей ономастических единиц в неблизкородственных языках (русском и китайском). Работа построена на соединении собственно ономастического, лингвокультурологического и прагмалингвистического подходов, что открывает перспективы для дальнейших контрастивных исследований русской и китайской ономастики с единых теоретико-методологических позиций. Выводы исследования могут оказаться полезными для дальнейшей разработки актуальных проблем теории имени собственного: структура поля прагматонимии, семиотическая природа прагматонима, закономерности искусственной номинации, типология номинативных ситуаций и др.

Практическая ценность исследования заключается в том, что результаты и материал анализа могут быть использованы в преподавании русского языка китайцам и китайского языка русским, а также в курсах языкознания, спецкурсах по теории ономастики, прагмалингвистике, лингвокультурологии. Значимость исследования также связывается с возможностью использования проанализированного в нём материала при создании новых названий кондитерских продуктов.

На защиту выносятся следующие положения:

1. Названия кондитерских изделий относятся к классу имен собственных и являются особым подразрядом прагматонимов, что определяет наличие у них таких свойств, как индивидуализация целых серий однотипных объектов, принадлежность к языку рекламы, недолговечность, изменчивость и относительно свободное обращение с языковым материалом.

2. Номинативная ситуация присвоения названий кондитерским изделиям является одной из типизированных ситуаций искусственной ономастической номинации, принадлежит к институированной коммуникативной сфере и разворачивается в рамках торгово-экономической деятельности общества в тот или иной период его развития. В структуре данной ситуации выделяются: именуемый объект (определенный вид кондитерского изделия, имеющий постоянное охраняемое законом название), именующий субъект (автор номинативной единицы) и адресат (потенциальный потребитель кондитерских изделий).

3. Тематические группы названий кондитерских изделий определяются номинативными интенциями именующего субъ-

екта, ориентированного на объект номинации (место производства продукта, состав продукта и качество продукта) и/или
на возрастные и национально-культурные особенности адресата. Выделенные тематические группы частично совпадают,
частично отражают специфику русского и китайского национально-культурного восприятия: китайские именующие субъекты в большинстве случаев тяготеют к материальной культуре
и народным традициям, а русские – к духовной культуре, ориентируясь при этом в большей степени на адресата-ребёнка.

4. Выявлены обусловленные принадлежностью к рекламной коммуникации общие прагматические принципы создания
русских и китайских названий кондитерских изделий: принцип
аффективности, принцип эстетичности, принцип языковой
игры. Каждому прагматическому принципу соответствуют
определённые способы номинации, выбор которых зависит не
только от особенностей номинативной ситуации, но и от вну-
тренних ресурсов русского и китайского языков.

5. Особым прагматическим принципом создания русских
и китайских названий кондитерских изделий является манипулятивный, который реализуется при создании новых прагматонимов, внешне напоминающих старые, широко известные
названия. Для реализации данного принципа используют следующие лингвистические способы: изменение атрибутивного
компонента старого названия, усложнение или упрощение
конструкции, подбор названий, относящихся к одной темати-

ческой группе.

6. Прагматический эффект названий усиливают следующие паралингвистические средства: рисунки и символы, шрифт, цвет, и форма изделия. Дополняя вербальную часть прагматонимов, они выполняют определённые функции: иллюстративную, символическую, экспрессивную, характерологическую и манипулятивную. Особенности китайской каллиграфии и преимущественная ориентация на взрослого адресата определяют многофункциональность и прагматическую значимость шрифта в оформлении китайских названий кондитерских изделий. Ориентация на адресата-ребёнка определяет особую функциональную значимость рисунка и цвета в оформлении русских названий кондитерских изделий.

Апробация исследования. Основные результаты исследования обсуждались на аспирантском семинаре при кафедре языкознания ВГПУ и на заседаниях научной лаборатории «Язык и личность» ВГПУ. Основные положения работы докладывались на международной научной конференции «Прагмалингвистика и практика речевого общения» (Ростов-на-Дону, 2007); на международной научной конференции «Меняющаяся коммуникация в меняющемся мире» (Волгоград, 2008); на VI Всероссийской научной конференции «Проблемы общей и региональной ономастики» (Майкоп, 2008); на международной лингвистической конференции «Язык – текст – дискурс: традиции и новации» (Самара, 2009). Результаты исследования были представлены на конкурсе «II Всероссийский смотр научных и творческих работ иностранных студентов и аспирантов» (Томск, 2008) и отмечены в номинации «За актуальность и практическую значимость в сфере рекламы и маркетинга». Основные результаты диссертационного исследования изложены в 9 публикациях, одна из которых опубликована в журнале, входящем в список ВАК. Общий объём публикаций составляет 3,1 п.л.

Объем и структура работы. Диссертация состоит из введения, двух глав, заключения, списка использованной литературы, список лексикографических источников и источников иллюстративного материала, приложения.

Во введении определяются объект, предмет, цель, задачи исследования, обосновывается его актуальность, описываются методы исследования, формулируются основные положения, выносимые на защиту, раскрываются научная новизна, теоретическая значимость и практическая ценность работы.

Первая глава «Научные подходы к сопоставительному исследованию прагматонимов», состоящая из двух разделов, посвящена рассмотрению исторического развития коммерческой номинации в России и в Китае, а также анализу признаков прагматонимов как периферийных единиц ономастического поля и их классификации.

Вторая глава «Прагматика названий кондитерских изделий», состоящая из пяти разделов, посвящена изучению русских и китайских прагматонимов в прагмалингвистическом аспекте (свойства объекта номинации, номинативные интенции субъекта, лингвистические и паралингвистические средства прагматизации названий кондитерских изделий).

В заключении диссертации подводятся основные итоги и намечаются перспективы дальнейшего исследования.

В приложении представлены примеры паралингвистических средств прагматизации русских и китайских названий кондитерских изделий.

Глава 1   Научные подходы к сопоставительному исследованию прагматонимов

1.1   Основные этапы развития коммерческой номинации

Употребляя термин «коммерческая номинация», мы имеем в виду «языковую номинацию учреждений и товаров, преследующую коммерческие цели и ориентированную на получение коммерческой прибыли» [Новичихина, 2003, с. 3].

Непременное условие появления коммерческой номинации – наличие развитой экономики. Целью коммерческой номинации является рекламирование экономических объектов. Развитие этого слоя лексики напрямую зависит от экономических отношений в том или ином обществе. Поэтому для выявления лингвистической и экстралингвистической специфики коммерческой номинации исследователи обращаются к истории создания товарных знаков – от античности до наших дней [Т.А. Соболева и А.В. Суперанская 1986, А.В. Суперанская 2003, М.Е. Новичихина 2003, Т.П. Романова 2007, У Ханьцзян и Цао Вэй 2005, Цзо Сюйчу 2002 и др.].

Для понимания современного состояния данного слоя лексики в России и в Китае необходимо обратиться к истории его формирования.

1.1.1 Развитие коммерческой номинации в Европе

Проследить историю развития коммерческой номинации в Европе можно, начиная **с Древней Греции**. В связи с развитием экономики в то время греки занимались крупной торговлей. Для того, чтобы изготовляемая продукция выходила на рынок, нужно было сообщать о товарах. Поэтому древние греки применяли торговую рекламу.

В монографии «Товарные знаки» Т.А. Соболева и А.В. Суперанская [1986] подробно описывают древнегреческую рекламу и анализируют её особенности. В Древней Греции существовали два вида рекламы: устная и письменная. Устная реклама – это "крик на улицах", т.е. торговцы выкрикивали информацию о товарах на рынках. О письменной рекламе свидетельствует альбом. Слово "альбом" образуется от латинского слова "album", которое означает "белый" (о цвете). В то время альбом представлял собой белые каменные или деревянные доски (стены, панно), на которых писались предложения и решения о продаже [Там же. с. 17–19].

Кроме того, коммерческие обычаи рекламы в Древней Греции предствлялись ещё и в вывесках. В.В. Ученова и Н.В. Старых [2002] выделяют два типа вывесок: живописные, предметные и предметно-символические. Живописные вывески в то время часто встречались в тавернах, гостиных дворах и харчевнях. Хозяева старались их всячески разукрасить, чтобы очаровать и привлечь прохожих. По мнению авторов, можно сопоставить данный тип вывесок с современными комиксами, так как они представляли собой набор изобразительных ситуаций. Помимо живописных вывесок в Древней Греции широко использовались предметные и предметно-символические вывески. Предметной вывеской служил сам предлагаемый товар: наборы глиняных сосудов около лавки гончара или пузырек с благовониями на окошке парфюмера. Предметно-символическая вывеска представляла собой прямое изображение товара, которое заменялось функционально близким ему другим предметом: около булочных лавок лежал жернов, который являлся необходимым инструментом для изготовления хлеба; обыкновенный воинский щит, служивший вывеской таверны, гостиницы, постоялого двора, так как щит являлся символом, который выставлялся хозяевами этих заведений, свидетельствуя о возможности отдохнуть и быть защищенным [Там же. с. 35–36].

Приёмы изобразительной символизации широко использовались для изобретения фирменных знаков. Выделяются четыре группы изображений: 1) различные предметы: треножник, молоток, алебарда; 2) растения: ветки, венки, цветы; 3) животные: бык, конь, лев, слон, собака; 4) образы божеств в человеческом облике. Многие из этих изображений сопровождались надписями. Часть их расшифрована как имена владельца мастерских, часть представляет собой имена городских смотрителей – астиномов [Там же. с. 37–38].

Как известно, устная реклама не может продолжаться весь

день, а письменная реклама остается в течение всего дня или более длительного времени. Поэтому реклама в письменном виде существует до сих пор и сильно развивается, а устная реклама постепенно уходит из нашей жизни. Например, в наши дни такой вид устной рекламы, как "крик на улицах" практически не представлен в большинстве стран. Однако в китайских деревнях он до сих пор встречается [Цао Вэй, Ван Цзюньюань, 2006].

С появлением многочисленных однотипных товаров и повышением конкуренции по их качеству производители и купцы стали метить свою продукцию и товары особыми клеймами, ориентируясь на которые, люди делали покупку. В случае возникновения сомнения в принадлежности товара клейма играют решающую роль.

Примером дальнейшего развития коммерческой номинации в Европе могут служить названия товаров, возникшие в **Англии**. Рассматривая торгово-ремесленные и цеховые знаки в Средневековой Англии, В.В. Ученова и Н.В. Старых считают, что в то время товарные знаки служили постоянной репрезентацией товаров, услуг, цеховых объединений, купеческих гильдий [Ученова, Старых, 2002].

В XI веке в Англии образовались купеческие гильдии, которые были первыми профессиональными объединениями, вырабатывавшими свой внутренний устав и создававшими свои отличительные знаки. С XI века в Англии знаком товара мог служить иконный лик святого – покровителя данной местности или конкретного купеческого семейства. Например, святой Базиль считался патроном торговцев шерстью, святой Кристин покровительствовал сапожникам. Самая ранняя документальная запись о торговом знаке в Англии относится к 1266 году, когда королевским распоряжением хлебопеков обязывали ставить клеймо на свои изделия [Там же. с. 69].

В XIII веке в связи с расцветом ремесленного производства в Англии широко применялось изображение орудий данного ремесла (ножницы у цирюльников и портных, наковальня с молотом у кузнецов) и продуктов труда (крендели булочников, обувь сапожников) [Там же. с. 70].

Т.А. Соболева и А.В. Суперанская перечисляют типичные рекламные знаки-символы, появляющиеся с XIV по XIX в.в. в Англии [1986, с. 10–11]: бутыли с подкрашенной жидкостью у аптекарей; шест с красными и белыми лентами у парикмахеров; три куска сахара у бакалейщиков; три шара у ростовщиков; изображение шотландца у табачников; изображение рекламного символа с именем хозяина; религиозные символы и др.

Стоит отметить, что в то время особые названия имеют не только товары, но и места, где можно оказывать разнообразные платные услуги: гостиницы, рестораны, аптеки, таверны и т.п.. Названия, обозначающие сферу обслуживания, называются знаком обслуживания. Наиболее показательными были названия гостиниц в Англии. Т.А. Соболева и А.В. Суперанская выделяют некоторые способы наименования гостиниц [Соболева, Суперанская, 1986, с. 12–13]: использование слова "золотой" для соревнования друг с другом в плане престижности – *"Золотой лев"*, *"Золотой петух"*, *"Золотой козёл"*, *"Золотой бык"*, *"Золотой грифон"*, *"Золотой олень"*, *"Золотой тигр"*, *"Золотой орёл"*, *"Золотая стрела"* и др.; употребление имени короля и королевы как гарантии высококачественного обслуживания – *"Король Генрих VIII"*, *"Король Альфред"*, *"Король Джон"*, *"Старый король Джон"*, *"Король и Королева"*, и т. п.; названия с юмором, такие, как *"Королевская голова"*, *"Голова королевы"* (имелся в виду портрет короля или королевы), *"Спокойная женщина"*, *"Хорошая женщина"*, *"Безголовая женщина"* (была изображена женщина без головы). А во второй половине XX в. в Англии как гарантия хорошего качества обслуживания использовалось имя известного деятеля, например, *"Черчилль"* – Уистона Черчилль (британский государственный и политический деятель, премьер-министр Великобритании в 1940–1945 и 1951–1955 годах).

1.1.2   Развитие коммерческой номинации в России

Если коммерческая номинация на Западе существует несколько столетий, то **в России** она стала появляться лишь в конце XIX в..

В России до XIX в. преобладало натуральное хозяйство,

при котором крепостные крестьяне производили всё необходимое для себя и своих помещиков. Для отличия своей продукции от чужой, производители или купцы изобрели специальные знаки собственности – тамги. Тамги являются одним из прообразов современных товарных знаков [Соболева, Суперанская, 1986, с. 6–7]. Под тамгой понимается "специальный знак собственности, который выдавливался владельцем на посуде, скоте, чурбанах, у границ земельных владений, чтобы отличить свои вещи от чужих" [Васильева, Нечушкина, 2005, с. 125].

В то время в России коммерческая реклама не существовала, соответственно рекламные знаки-символы встречались довольно редко. По точному замечанию А.В. Суперанской, "пока люди занимаются производством ради производства или удовлетворения собственных потребностей, названия организованного ими предприятия носят описательный характер, обозначая то, чем оно в действительности является. '...' Пока жители России не имели товарных знаков, они пользовались сортовыми названиями. Только в случае специальной регистрации сортовые названия становятся товарными знаками, подлежащими правовой охране, препятствующей их апеллятивации, т.е. переходу в разряд имён нарицательных, а также использованию другими лицами без ведома владельца данного товарного знака" [Суперанская, 2003, с. 528].

Бурное развитие капиталистических отношений и российской коммерческой номинации соответственно приходится на конец XIX – начало XX века. Исследованию этого периода посвящены многие работы [М.Е. Новичихина 2003, Т.П. Романова 2007, А.В. Суперанская 2003 и др.].

Во второй половине XIX в. – начале XX в. широкое распространение торговых марок, по данным Т.П. Романовой [2007], зависит от конкуренции, появившейся в процессе развития промышленности в России [Романова, 2007, с. 132–133]. Автор определяет некоторые способы, которые использовались для создания торговых марок в России на рубеже XIX – XX в.в.:

а) использование фабричных марок, значительные компоненты которых восходят к фамилиям владельцев или основателей производства. Были широко известны такие фамилии, как Г. Брокар (парфюмерия), А. Абрикосов (кондитерские изделия), Ф. Эйнем (кондитерские изделия), К. Г. Фаберже (ювелирные изделия) и др.. От фамилий образованы, например, швейная машина "Зингеръ", двигатель "Дизель", велосипед "Гумберъ";

б) употребление условно-символических названий фабрик для маркировки продукции (обувь "Скороходъ", пиво "Новая Бавария", нефтяной двигатель для пожарного насоса "Благословение");

в) использование названий, которые образовывались от русских слов, связанных с отечественной историей или фольклором (папиросы "Теремокъ", конфеты "Мишка косолапый", "Ласточка", шоколад "Золотой ярлык", "Серебряный ярлык").

Т.П. Романовой выявляются языковые черты названий

парфюмерных товаров в России XIX – XX веков: описательные названия для определения состава ингредиентов (*"Хинная вода для волос"*, *"О-де-Колонъ двойной"*, *"О-де-Колонъ обыкновенный"*), условно-символические названия для характеристики аромата (*"Жасминъ"*, *"Резеда"*, *"Геліотропъ"*, *"Белая роза"*, *"Золотая лилія"*), для указания на происхождение цветущего растения (*"Персидская сирень"*, *"Віолетъ-сан-Ремо"*), для подчеркивания иностранного и российского производства товаров (*"О-де-Соверъ"*, *"Лила Бланъ"*, *"Вэра Мюскъ"*, *"Русское"*, *"Национальное"*, *"Капризъ Невы"*), символические названия для целевой аудитории (парфюмерный товар *"Карменъ"* – для женщин и *"Жокей клуб"* – для мужчин) [Там же. с. 133–134].

Подробный структурно-языковой анализ русской коммерческой номинации конца XIX – начала XXI века содержится в монографии М.Е. Новичихиной [2003]. Автор выделяет тематические группы русских коммерческих названий XIX – начала XXI века: географические названия, собственные имена, литературно-мифологические названия, наименования лиц, названия растений, названия животных, названия внешних приметов, отличительной и функциональной особенности называемого объекта и др.; определяет их языковые особенности: однословная и многословная номинация, частеречная принадлежность однословных коммерческих названий, абстрактная и конкретная лексика в коммерческом наименовании и т.д. [Новичихина, 2003, с. 47–91]. Всё это говорит о том, что в России ещё 100 лет назад сложились определенные традиции в присвоении названий товарам.

В послереволюционный период, как отмечают В.Д. Бондалетов и Т.П. Романова [1997], наиболее распространенными являлись следующие модели создания названий предприятий и учреждений:

1) названия с ключевыми словами "красный", "советский", "большевик", "ленинец", "пролетарий", "рабочий", "работник", "интернационал", "труд" и др. (заводы *Красный Пролетарий*, *Красный Якорь*, клубы *Красный Железнодорожник*, журналы *Советский коллекционер* и *Производство, Труд и Быт*");

2) названия с мемориальными компонентами, представляющими собой имена профессиональных революционеров, руководителей партии и правительства, писателей, композиторов, врачей, национальных героев СССР и др. (*Московское ВТУ им. Рыкова, Школа-девятилетка №1 им. Л.Н. Толстого* (бывшее реальное училище в г. Самара), *Государственная специальная музыкальная школа им. А.К. Глазунова, Больница им. проф. Снегирева, Институт востоковедения им. Нариманова*) [Бондалетов, Романова, 1997, с. 189–193].

Особо значимым для коммерческой номинации в России является период «хрущёвской оттепели» (конец 50-х – начало 60-х г.г. XX в.).

Под влиянием западной культуры, как замечает А.В. Суперанская [2003], некоторые магазины в России в это время стали получать индивидуальные названия: *"Умелые руки"* – магазины, которые продают швейные или столярные принадлежности, *"Рубин"*, *"Топаз"* – ювелирные магазины, *"Башмачок"* – магазин детской обуви. Появились индивидуальные названия для серийно выпускаемых теле- и радиотоваров, и автомобилей: телевизоры *"Юность"*, *"Рекорд"*, радиоприёмники *"Аккорд"*, *"Север"*, автомобили *"Москвич"*, *"Нива"*, *"Волга"*, *"Чайка"*. Но товары с этими названиями не пускали на внешний рынок, так как на Западе существовала Служба патентной информации, следящая за правомерным использованием товарных знаков. Например, после запуска первого искусственного спутника Земли активизировалось слово "спутник", и зарубежные фирмы зарегистрировали его в качестве товарного знака. Поэтому такие советские товары, как бритва *"Спутник"*, мыло *"Спутник"* и другие не могли поставляться на внешний рынок. На Западе в качестве товарных знаков впоследствии были зарегистрированы и русские женские имена: *Людмила, Светлана, Татьяна.* Поэтому советские товары с такой маркировкой также не пускали на внешний рынок [Суперанская, 2003, с. 529–530].

В 1992 году в России вышел Закон о Товарных знаках, знаках обслуживания и наименованиях мест происхождения товаров, в котором регламентируется правовой режим регистрации, использования и защиты товарных знаков. Через 10 лет, в 2002 г., в данный закон были внесены изменения и дополнения, которые стимулировали поиск новых оригинальных форм для коммерческих названий.

Современные русские товарные знаки и знаки обслуживания многообразны не только по структурно-семантическим особенностям, но и по графическому исполнению. Например, товарный знак в русской и латинской графике (зубная паста "*ПАРАДОНТОЛ*"® и "*PARADONTOL*"®); использование знака "&" на месте союза *и* (Магазин одежды – "*Он & она*", ежемесячный журнал – "*Красота & здоровье*"); использование знака @ на месте буквы *а* (VII специализированная выставка – "*ИНФОРМ@ЦИОННЫЕ ТЕХНОЛОГИИ. СВЯЗИ*"). По наблюдениям А.В. Суперанской, в этом отношении показательны названия для аптек. Автор делает вывод, что в этих названиях сохранились номера, как в советский период, адреса, как в дореволюционное время и как в разговорной речи, а также добавились некоторые индивидуальные названия. Например, "*N 262 Ангара*", "*Медицина*", "*N 47 У Рижского*", "*N 395 Глория*", "*36,6*"® [Суперанская, 2003, с. 537].

В последнее время в России появились новые типы товарных знаков и знаках обслуживания: названия агентств недвижимости, туристических фирм, частных клиник. Интересно отметить, что А.В. Суперанская замечает различия между названиями городских и пригородных объектов недвижимости. Например, названия городских агентств недвижимости чётко ориентируется на богатых клиентов (“*ВИЗАВИ-РИЭЛТ*”, “*Миллионер*”), а пригородные агентства – на простых людей (“*МОЙ ГОРОД*”, “*Золотой Ключик*”, “*Центр недвижимости*”) [Там же. с. 537–540].

Из сказанного следует, что современная российская коммерческая номинация имеет ярко выраженную прагматическую направленность – выбор названия зависит от характера именуемого объекта и особенностей потенциальных потребителей.

1.1.3   Развитие коммерческой номинации в Китае

Коммерческая номинация в Китае имеет длительную историю развития, однако основные её этапы во многом схожи с российскими. Изучению истории китайской коммерческой номинации посвящены специальные лингвистические и научно-популярные работы [Чжу Яцзюнь 2003, У Ханьцзян и Цао Вэй 2005, Цзо Ханьчу 2002]. Представим изложенные в них сведения в обобщенном виде (Здесь и далее перевод наш).

В период Воюющих царств (403 – 221 г.г. до н. э.) коммерческая номинация была в зачаточном состоянии, во время династии Хань (202 г. до н. э. – 220 г. н. э.) и Тан (618 – 907 г.г. н. э.) она находилась на этапе развития. Названия товаров, лавок, которые более или менее похожи на современные товарные знаки, появились в период династии Сун (960 – 1279 г.г. н. э.). В это время производительные силы продолжали развиваться, разные производители выпускали одну и ту же продукцию, видов которой становилось больше и больше. Появились купцы, которые специально занимались торговлей. Чтобы отличить свои товары от других однотипных, производители и купцы использовали товарные вывески, в которые включались словесные товарные вывески, графические товарные вывески и их сочетание. Основная функция товарных вывесок – гарантия качества товара. Например, в этот период на медных зеркалах, производящихся в городах Хучжоу и Ханчжоу, были отметки "湖州真石家念二叔照子" (Это зеркало произведено в г. Ху Чжоу членами семьи Ши) и "湖州李五郎照子" (Это зеркало произведено в г. Ху Чжоу членами семьи Ли). Эти названия свидетельствовали о том, что товары не поддельные [У Хань-цзян, Цао Вэй 2005, с. 12–13].

В Древнем Китае коммерческая номинация употребляется также в литературных произведениях и произведениях живописи. Например, в стихотворении Цао Цао «Короткая песня», написанном в период Троецарствия (220 – 280 г.г. н. э.), встречается товарный знак водки – "杜康" (Ду Кан – имя первого изготовителя водки в Китае), в стихотворении Ду Му «День поминовения», написанном в период династии Тан (618 – 907 г.г. н. э.), употребляется товарный знак водки – "杏花村" (Деревня "Абрикосовые цветы"). На известной картине Чжан Цзэдуань «Оживлённый город на берегу реки в День поминовения», нарисованной в период династии Сун (960 – 1279 г.г. н. э.), можно чётко видеть разные вывески, такие как "刘家上色沉檀栋香"

(Сандаловый фимиам произведён семьёй Лю), "王家纸马店" (Ритуальные изображения святых произведены семьёй Ван). В этот же период в произведении У Цзыму «Жизнь в городе Линь Ань» было зафиксировано много товарных знаков, которые в то время были известными. Например, "陈家彩帛" (цветные шёлковые материи семьи Чэнь), "孔家头巾" (платки семьи Кун), "张家铁器" (железные изделия семьи Чжан) [Там же. с. 14].

Можно предположить, что это прообраз технологий скрытой рекламы (product placement), под которым понимается особый рекламный приём, заключающийся в том, что реквизит в фильмах, телевизионных передачах, компьютерных играх, музыкальных клипах или книгах имеет реальный коммерческий аналог. Обычно демонстрируется сам рекламируемый продукт или его логотип, или упоминается о его хорошем качестве [http://ru.wikipedia].

С начала периода династии Юань до начала периода династии Цин (1279–1644 г.г.) в области коммерческой номинации не было развития, потому что во время императорской династии Юань (1271–1368 г.г.), основанной монгольским ханом Хубилаем, годами шли войны, экономика этого времени практически не развивалась.

С начала периода династии Цин до начала периода Китайской Республики (1644 – 1949 г.г.) в Китае продолжали использоваться такие товарные знаки, в состав которых входили названия предприятий, магазинов или имя хозяина. Например,

ножницы – "张小泉" (Чжан Сяоцюань), солодовой сахар – "李
全和" (Ли Цюаньхэ), ткань – "丁娘子" (Девушка Дин) и др..

После опиумной войны (1840 – 1860 г.г.), инициированной
Великобританией и Францией против императорского Китая,
были подписаны Пекинский договор и Нанкинский договор,
согласно которым китайское правительство должно было вы-
платить Великобритании и Франции контрибуцию, открыть
для иностранной торговли город Тяньцзинь, разрешить использовать китайцев в качестве рабочей силы в колониях Великобритании и Франции.

Поэтому в данный период в Китае рынок был наводнён
иностранными товарами. Политический строй и экономический
статус Китая этого времени сложно определить однозначно –
полуколония и полуфеодализм. В борьбе с империализмом, фе-
одализмом и бюрократизмом китайская национальная промышленность быстро развивалась. В результате появилось много
названий товаров с патриотическими конотациями: *"смывание
позора"*, *"богатый и могучий Китай"*, *"народовластие"* и др..
Также отмечается языковая игра в названиях, созданных в
этот период. Например, существует название шерсти "抵羊".
Слово "羊" имеет омофон "洋", то есть они имеют одинаковое звучание, но разное написание и значение: "羊" (yáng) –
овца, "洋" (yáng) – иностранный. Здесь под товарным знаком
"抵洋" скрывается бойкот иностранных товаров [У Ханьцзян,
Цао Вэй, 2005, с. 15].

Следует отметить, что рассмотренные знаки не были зарегистрированы и не имели правовой силы. В 1910 году первым официально зарегистрированным товарным знаком в Китае был товарный знак муки – "兵船" (Военный корабль).

После патриотической акции «4 мая» (1919 г.), которая была связана с попранием суверенитета Китая на Парижской мировой конференции после Первой мировой войны, наступает период расцвета отечественных товарных знаков в Китае. Появились новые необычные товарные знаки, не ограниченные старыми номинативными моделями. Это такие товарные знаки, как лекарство (от солнечного удара) "龙虎牌" (Дракон и тигр), рубашка – "鹅牌" (гусь), вкусовая приправа – "佛手" (Руки Будды).

С начала Второй мировой войны до образования Китайской Народной Республики китайские товарные знаки находились в состоянии застоя. В этот период китайский рынок был насыщен иностранными товарами, особенно товарами японского и американского производства. Так как иностранные названия товаров стали популярными, при номинации отечественных товаров часто использовались иностранные слова: "杜鲁门" (Truman), "美军" (*United* States Armed Forces – Вооружённые силы Соединённых Штатов). Также существовали названия, созданные только сочетанием латинских букв: "*ABC*"、 "*ADK*" [Там же. С. 15].

После образования Китайской Народной Республики, как

У Ханьцзян и Цао Вэй отмечают, что товарные знаки быстро развиваются. В основу именований товаров положены:

– географические названия: сигареты – "*长江*" (Чанцзян) и "*庐山*" (Лушань), замороженные продукты – "*黄河*" (Хуанхэ), пассажирский автобус – "*松花江*" (Сунхуацзян), водка – "*泰山*" (Тайшань);

– имена реальных и мифических животных, символизирующих счастье: велосипед – "*凤凰*" (феникс), матрас – "*麒麟*" (цилинь) (мифическое животное с одним рогом и чешуйчатым панцирем, символ благоденствия и счастья), насос – "*熊猫*" (панда), лапша из рисовой муки – "*孔雀*" (павлин);

– слова, отражающие успехи социалистического строительства: вино "*丰收*" (урожай), легковой автомобиль – "*红旗*" (красный флаг) (после образования КНР первая китайская марка легкового автомобиля), грузовая машина – "*东风*" (восточный ветер) (после образования КНР первая китайская марка грузовой машины);

– названия народных сказок и мифов: напитки – "*嫦娥奔月*" (Чан Э улетела на луну) (Чан Э – геориня китайских народных сказок), спички – "*八仙过海*" (Восемь Бессмертных пересекают море), мебель – "*牛郎织女*" (НюЛан и Чжи Нюй – герои китайской народной сказки).

В последних двух случаях речь идёт об известных реалиях китайской культуры: о восьми святых даосского пантеона (Хэ Сяньгу, Хань Сянцзы, Лань Цайхэ, Ли Тегуай, Люй Дунбинь,

Чжунли Цюань, Цао Гоцзю, Чжан Голао) и об одной из четырёх самых известных народных сказок [Там же. с. 16].

Так как в XX веке в рыночных условиях товарные знаки приобретают большое значение, в 1979 году восстановили всекитайское единство регистрации товарных знаков, в 1982 году вышел закон о товарных знаках. Последняя редакция закона о товарных знаках появилась в 2001 г. Этот закон, так же как аналогичный закон в России, закрепляет товарные знаки за конкретным производителем товаров, запрещает омонимию в области коммерческой номинации и сдерживает необдуманное словотворчество создателей названий.

Рассмотрение истории развития русской и китайской коммерческой номинации позволяет нам сделать вывод об универсальности исторического развития коммерческой номинации: на начальном этапе развития в России и Китае названия товаров имели только описательный характер, коммерческая номинация в обеих странах получила широкое распространение лишь в конце XIX – начале XX в.в. под влиянием западной культуры, и в это время в обеих странах вышли законы о товарных знаках и знаках обслуживания.

Проведенный анализ исторического развития коммерческой номинации в России и Китае, демонстрирующий возможность сопоставления русских и китайских названий товаров, является методологической базой для их дальнейшего ономастического и прагмалингвистического исследования.

1.2 Русские и китайские прагматонимы как объект ономастического исследования

1.2.1 Понятие прагматонима в современной ономастике

Практически в любом ономастическом исследовании большое внимание уделяется выбору точного термина. В России для обозначения словесных товарных знаков авторы используют разные термины [см. работы З.П. Комоловой, Н.В. Подольской, А.Л. Василевского, Т.П. Поротникова, А.А. Исаковой, И.В. Крюковой и др.].

Наиболее авторитетным источником по данному вопросу является «Словарь русской ономастической терминологии» Н.В. Подольской, который выдержал два издания [1978, 1988]. В данном словаре названия сорта, марки, товарного знака определяются как *прагматонимы* [Подольская, 1978, с. 113]. Однако и этот термин не является общепризнанным.

Для обозначения словесных товарных знаков существуют следующие термины, встречающиеся в русских ономастических исследованиях.

Термин *прагмоним* впервые употребила в своих работах З.П. Комолова (от греч. *прагма* – вещь) [1971, 1972, 1974]. Этот термин и сейчас используют другие авторы (С.О. Горяев, А.А. Исакова и др.). Однако термин, предложенный З.П. Комоловой, представляется грамматически некорректным, так как он образован от усеченной основы *прагма* (им. п.), тогда как по правилам словообразования классических языков, в том числе и при преобразованиях от интернациональных терминов, используются основы косвенных падежей – *прагмат* [Крюкова, 2004, с. 21].

А.Л. Василевский в своих работах [1970, 1971, 1984] использовал термин *ктематоним* (от греч. *ктематос* – имущество), под которым понимал названия товаров отдельных предприятий и названия самих предприятий, производящих товары или оказывающих услуги. Данный термин не получил широкого распространения, но он наглядно продемонстрировал невозможность четкого разграничения товарных знаков и названий предприятий как отдельных разрядов ономастической лексики [Крюкова, 2004, с. 22].

Т.П. Поротников предложил термин *товароним* [Приводится по: Исаева и др., 1981, с. 20–21]. По структуре самого слова *товар + оним*, можно сказать, что этот термин является точным, т.к. обозначает товар. Однако данный термин нельзя назвать системным, т.к. он нарушает сложившиеся в ономастической терминологии традиции: греческий терминоэлемент + "*оним*".

В работах М.Е. Новичихиной используется термин "*коммерческие номены*". Но в этом случае словесные товарные знаки не рассматриваются как объект ономастики: термином *номен* традиционно обозначаются номенклатурные единицы, относящиеся к именам нарицательным [см. например, работы

В.М. Лейчика, 1974].

Сам термин *"товарный знак"*, как отмечает М.Е. Новичихина, используется в тексте Закона. "При этом обозначение считается товарным знаком лишь тогда, когда оно в установленном порядке зарегистрировано". В данном случае термин "товарный знак" рассматривается как собственно товарные знаки, так и знаки обслуживания [Новичихина, 2003, с. 33].

Кроме того, некоторые исследователи предлагают специальные термины для выделения отдельных видов товаров внутри класса прагматонимов. Например, для названий парфюмерных продуктов – парфюмонимы [Е.А. Сотникова, 2006], для названий механизмов – механонимы [А.А. Исакова, 2008]. Однако мы считаем такое выделение избыточным и еще более усложняющим достаточно сложную и необщепринятую ономастическую терминологию.

Существует ещё и термин *"маркировки"*, используемый в лингвистических работах для обозначения словесных товарных знаков, который определяется как искусственное слово, специально созданное из национального или интернационального материала для обозначения и идентификации серийно выпускаемых товаров [Ражина, 2007, с. 15–16]. Но в этом термине вообще не подчёркивается лингвистическая природа рассматриваемой лексической единицы.

Таким образом, наиболее удачным термином по нашему мнению, является термин *"прагматоним"*, вслед за И.В. Крюковой, под которым понимается любое словесное обозначение марки товара или вида предлагаемых услуг, охраняемое законом. Эти словесные обозначения, относящиеся к классу рекламных имен собственных, сочетаются в разных пропорциях с символами и рисунками и служат для идентификации товаров и услуг [Крюкова, 2004, с. 121].

Обозначение совокупности прагматонимов может быть обозначено термином "*прагматонимия*" (по аналогии с существующими терминами "*антропонимия*", "*топонимия*", "*эргонимия*" и др.) [Н.В. Подольская, 1978].

1.2.2   Подходы к ономасиологической классификации прагматонимов

Прагматонимы, являясь именами собственными, относятся к периферии онимического пространства.

Онимическое пространство как полевая структура рассматривается с позиций ядерно-периферийных отношений. В.И. Супрун показывает, что ядро ономастического поля составляют антропонимы. "За антропонимами и смежными с ними ономастическими разрядами (*теонимами*, *мифонимами*, *зоонимами*) правомерно закрепить *центральное* место в ономастическом пространстве" [Супрун, 2000, с. 17]. Разряды онимов, которые называют не всегда чётко отграниченные друг от друга материальные объекты, иногда даже серии объектов, идентичных или объединённых общей тематикой или идеей, относятся к периферии ономастического поля [Крюкова, 2004, с. 45]. Прагматонимы относятся к периферии ономастического поля, т.к. им свойствены все черты, которые характеризуют периферию: индивидуализация целых серий однотипных объектов, слабая структурированность и системность, изменчивость и недолговечность, относительно свободное обращение с языковым материалом. Эти универсальные свойства прагматонимов определяют особенности их номинации [Крюкова 2004, Кирпичева 2007, Фоменко 2009].

1.2.2.1 Исследования российской прагматонимии

В настоящее время в российских исследованиях все больше внимание уделяется процессам номинации в периферийной зоне онимического пространства. Особый интерес для нас представляет номинация товаров, относящаяся к сфере коммерческой номинации.

М.Е. Новичихина считает целесообразным разграничить коммерческую номинацию как процесс (акт называния) и коммерческую номинацию как результат (само название). В первом случае речь идет о динамическом аспекте коммерческой номинации, во втором – о статическом аспекте. А сам термин *номинация*, как отмечает М.Е. Новичихина, используется и в том, и в другом значении и различается контекстуально [Новичихина, 2004, с. 165].

Для анализа способов словообразования рекламных имён вводятся и обосновываются понятия "онимизация" и "трансонимизация". По определению Н.В. Подольской, под онимизацией понимается переход апеллятива или апеллятивного словосочетания через смену функции в имя собственное [Подольская, 1988, с. 91]. Трансонимизация представляет собой перехода онима одного разряда в другой [Там же. с. 138].

В последние годы появилось немало работ, посвящённых лингвистическому исследованию принципов и способов номинации прагматонимов [см. И.В. Крюковой 1997, Т.П. Романовой 2007, Р.Ю. Намитокова и И.А. Нефляшева 2008, А.А. Исаковой 2008, О.Е. Яковлевой 2006, Е.А. Сотниковой 2006, О.В. Кирпичевой 2007, А.Ю. Мазиловой 2005 и др.].

Остановимся на некоторых из них, наиболее значимых для нашего дальнейшего исследования.

Под принципом номинации традиционно понимают "своеобразные ономасиологические модели, обобщающие наиболее характерные аспекты и признаки, по которым происходит называние однородных предметов" [Матвеев, 1974, с. 4–14]. И.В. Крюкова выделяет следующие принципы номинации в периферийной зоне ономастического пространства:

1) идентифицирующий принцип выявляется в именах, которые имеют описательный характер. Названия, образованные по данному приинципу указывают: *на основные свойства товаров* – карамель "Ликерная", духи "Белая сирень", стиральная машина "Малютка"); *на тематику средств массовой информации* ("Физиологический журнал", "Коммерческий вестник",

"Мир науки", "Человек и закон"); *на место расположения предприятия* – конфеты "*Волгоградские*"; *на конкретное лицо* – духи "*Алла Пугачева*", косметика "*Celine Dion*";

2) условно-символический принцип представлен в именах, косвенно (или условно) отражающих реальные признаки объекта. Несмотря на символический характер, у данных имён признак объекта остается основополагающим и определяющим мотивом номинации, например, ткань "*Снежинка*", журнал "*Домострой*", скорый поезд "*Красная стрела*" и т.п.. А также по данному принципу создают имена, которые обращены к чувству юмора и определенным фоновым знаниям адресата, например, предприятие по оформлению виз "*Стремя*", клуб толстяков "*Робин Бобин*";

3) символический принцип характеризует имена с общим значением положительности, не имеющие смысловой связи с именуемыми объектами, например, конфеты "*Сказки Пушкина*", "*Петушок-золотой гребешок*", "*Мишка косолапый*", "*Алёнка*", "*Ладушки*" [Крюкова, 1997, с. 169–170].

Эти специфические принципы являются основными направлениями номинативных установок, между ними располагаются области взаимосвязанных и переходных явлений.

Специфичность каждого принципа проявляется тогда, когда он находит свое материальное воплощение в конкретной форме, когда название создается по законам конкретного языка. Поэтому необходимо обратиться к понятию способа номинации.

Способы номинации теоретически разработаны В.Г. Гаком [1977, 1998]. В самом общем виде они сводятся к трём:

1) создание названий на базе имеющихся в языке лексических единиц и аффиксальных средств (морфологическая деривация);

2) образование новых слов путём семантической и лексико-семантической трансформации имеющихся в языке слов и фразеологических сочетаний (лексико-семантический способ номинации);

3) организация названия на основе свободного словосочетания (синтаксический или лексико-синтаксический способ номинации).

А.Ф. Журавлев конкретизировал данные способы в области предметной номинации. Он подчеркивает, что «основные способы номинации (такие как некоторые виды деривации, словосложение, семантический перенос, лексические заимствования из других языков) являются, по-видимому, универсальными (или почти универсальными) и занимают центральные положение в системе номинативных средств в принципе любого языка» [Способы номинации … , 1982, с. 45]. Уточним, что эти способы имеют отношение не только к апеллятивам, но и к онимам. По справедливому замечанию Р.Ю. Намитоковой и И.А. Нефляшевой, "вопрос о способах номинации (и в них – о способах деривации) нарицательных и собственных имён, несмотря на специфику каждого из них, может быть решён интегрально" [Намитокова, Нефляшева, 2008, с. 34].

На основании классификации способов номинации, разработанной В.М. Лейчиком [1982] в области специальной лексики (онимы, термины, номенклатура), И.В. Крюкова [1997] выделяет следующие способы искусственной номинации периферийных имён собственных: лексико-семантический, словообразовательный, лексико-синтаксический, фонетический, комплексный. Позже Т.П. Романова [2007], анализируя самарские эргонимы (названия деловых объектов), дополняет данную классификацию следующими способами: морфологическими способами (плюрализацией, усечением, эллиптированием), специфическими способами образования рекламных имён (нумерализацией, инициализацией, сращением, сегментацией, графическим каламбуром, грамматическим каламбуром, семантическим каламбуром, стилизацией и гибридизацией).

Соединив эти две классификации, получаем достаточно полную картину способов номинации рекламных имен, которая может быть использована для анализа прагматонимов.

И.В. Крюкова полагает, что в лексико-семантический способ включаются семантическая онимизация (волна – кафе *"Волна"*, перемена – издательство *"Перемена"*) и трансонимизация (Россия – кондитерская фабрика *"Россия"*, Алёнка – конфеты *"Алёнка"*).

Т.П. Романова выделяет лексико-семантический способ в

ономастике, представленный тремя подвидами: семантическая онимизация, трансонимизация, заимствование [Романова, 2007, с. 205]. Как отмечает Н.В. Подольская, семантическая онимизация является разновидной: простая, метафорическая и метонимическая [Подольская, 1988, с. 92]. Простая семантическая номинация обозначает объект номинации прямо: магазин *"Хлеб"*. Такие названия не могут быть зарегистрированы как товарные знаки. При метафорической ониминации объект обозначается на правах сравнения: название магазина *"Трамвай"* отражает форму дома. Метонимическая онимизация относится к числу наиболее востребованных, т.к. позволяет передать информацию о характере называемого объекта: магазин отражает в названии объект продажи *"Вишня"*, потребителя *"Ветеран"*, место расположения *"Ладья"*. Кроме того, Т.П. Романова отмечает ещё один вид онимизации – символический. Символические рекламные имена, по её мнению, не отражают объект номинации, а приписываются ему как условные знаки. При использовании символической номинации применяются слова с общеизвестным символическим значением – *"Заря"*, *"Прогресс"*, символы науки, техники, искусства, культуры – *"Магистраль"*, *"Вальс"*; *"Берёза"*, устойчивые выражения – фирма *"Рог изобилия"*, журнал *"Нет проблем!"*, цифровые символические обозначения – аптечная сеть *"36.6"* (нормальная температура), кафе *"03"* (скорая помощь). В результате изучения символической номинации автор пришёл к выводу о том, что в наибольшей степени она

(символическая номинация) соответствует требованиям создания эффективного рекламного имени. Используемые в номинации символы должны иметь некоторую ассоциативную связь с
характеристиками объекта номинации [Романова, 2007, с. 206].

Семантическая трансонимизация также имеет разновидности: метафорическую, метонимическую и символическую.
При этом антропонимы, мифонимы, космонимы, топонимы
и другие собственные имена могут быть использованы как
национальные символы или символы с другим значением.
Прецедентные имена часто используются для создания символических рекламных имён. Например, ТЦ "*Колизей*" по форме
похож на памятник архитектуры в Риме, ресторан "*Волга*" рас-
положен на набережной Волги.

К *заимствованию* относятся названия, в которых используют иностранные слова и их компоненты. Они употребляются как в кириллической графике: фирма "*Рич*", конфеты
"*Комильфо*", так и в латинской графике: ресторан "*Nautilus*",
сеть магазинов "*Super Star*". Появление многих таких названий
российских фирм связано с демонстрацией ими близости к европейскому уровню.

Среди **словообразовательных способов** выделяются обоими авторами аффиксация, субстантивация, словосложение,
аббревиация. Например, аффиксация – магазин "*Супертрубы*",
йогурт "*Растишка*", субстантивация – санаторий "*Прилесье*",
словосложение – банки "*Прагмабанк*", "*Финист-банк*", мага-

зины *"Книгомир"*, *"СпортМастер"*, пиво *"Ярпиво"*, аббревиация – магазин *"Авто-Мото-Вело"*, фирма *"Югсервис-холдинг"*, магазин *"Еврообувь"*. Также авторы отмечают, что при создании рекламных имён используются разные виды аббревиатур: буквенные, звуковые, слоговые, совмещающие звуковые и слоговые способы, словоиды, слова с двойной мотивацией, телескопные. Например, Урюпинская трикотажная фабрика *"УТАО"*, Волгоградская кондитерская фабрика *"Конфил"*, электронные изделия *"Элиз"*, пиво *"ПИТ"* – название совпадает с иностранным именем Пит и может расшифровываться как именование символического производителя «пивовар Иван Таранов», компьютерные курсы *"Новотроник"* – новое в электронике, мороженое *"Бананас"* – банан и ананс [Крюкова, 1997, с. 170–171; Романова, 2007, с. 208–209].

Кроме того, Т.П. Романова отмечает ещё несколько способов номинации. Такие способы, как плюрализация, с помощью которой создаются коммерческие названия в форме множественного числа (магазин *"Вещицы"*, вокальные группы *"Блестящие"*, *"Стрелки"*); усечение – это процесс образования товарных марок путем усечения конечной части слова: газированный напиток «*Fanta*» от fantastic [Чармэссон, 1999, с. 131], магазин *"Техно"*; эллиптирование – процесс сокращения многословного имени собственного до одного слова (ТК *"Невский"*, *"Московский"*).

Лексико-синтаксический способ в ономастике употребляется для создания рекламных имён в форме словосочетаний и предложений [Подольская, 1988, с. 92]. Выделяются две группы названий: имя-словосочетание (ТМ *"Весёлый молочник"*, кафе *"Голодная кошка"*) и имя-предложение (бутик *"Давай! Давай!"*, журнал *"Я покупаю"*). Рекламные имена, созданные лексико-синтаксическим способом, имеют большие возможности для рациональной и эмоциональной характеристики объекта номинации [Романова, 2007, с. 209].

Дополняя классификацию И.В. Крюковой, Т.П. Романова выделяет новые *специфические способы* образования названий товаров. При использовании данных способов у имени появляется признак необычности, посредством них образовывают наиболее оригинальные имена. К ним относятся: *нумерализация* – использование цифровых обозначений или имён числительных при создании товарных знаков: кафе *"444"*, магазин *"777"*; *инициализация* – употребление буквенных обозначений или названий букв: компания *"М"*, фирма *"Дельта-С"*; *сращение* – объединение в одно слово и субстантивацию раздельно оформленного словосочетания: аптека *"Неболит"*, капля *"Длянос"*, магазин *"Людивновом"*; *сегментация* – разделение цельнооформленного слова на части с целью придать ему новый, рекламный смысл: кафе *"Pro-кофий"*; *графический каламбур* – изменение внутренней формы слова с помощью графического выделения компонента, которое имеет отношение к объекту рекламирования: такси *"ОПЕЛЬсин"*, чай *"ЧайОК"*; *грамма-*

тический *каламбур* – рекламные имена с двойным значением, т.е. внутреннюю форму данных имён можно воспринимать одновременно как предложение и как имя существительные: шоколад *"Выпекай-ка"*, киоск *"Ямал"*; *семантический каламбур рекламного имени с игровой семантикой* – замена какого-либо компонента слова, чтобы оживлялась и переосмысливалась внутренняя форма: сырки *"СыркаЕшка"*, обувь *"Параход"*; *стилизация* – использование фамильных суффиксов, русского отчества, личных имён: торговые марки *"Салатов"*, пельмени *"Сам Самыч"*, каша для детей *"Быстринка"*; *гибридизация* – образование рекламных имён из компонентов разных языковых систем: фирмы *"Lada-land"*, газета *"Зоохобби"* [Там же. с. 210–211].

Комплексный способ образования словесных товарных знаков, по мнению обоих авторов, подразумевает использование одновременно двух и более способов, например, магазин *"Сладкиши"*, сушки *"Самарики"* – суффиксация и плюрализация; консервы *"Золотая FISHка"* – лексико-синтаксический способ, гибридизация, графический каламбур; кафе *"Дети лейтенанта Шмидта"* – семантический каламбур и плюрализация, магазин для будущих мам и детей *"Kenga.ru"* – сегментация и стилизация.

Фонетический способ, с помощью которого образуются слова непосредственно из фонем, без какой-либо опоры на морфемные элементы. Например, фирма *"Вимм-Билль-Данн"*, карамель *"Слами"*, пиво *"Патра"*. Как отмечает И.В. Крюкова, фонетическим способом образуются только товарные знаки, этот способ практически не свойственен другим перифери́й-ным разрядам при номинации предметов (*"Леда"*, *"Триалон"*). Такие названия являются структурно и семантически немоти-вированными [Крюкова, 1997, с. 170].

Комплексное исследование принципов и способов номи-нации в ономастике встречается и в узкоспециальных работах, посвящённых анализу конкретных видов прагматонимов. На-пример, в работах О.Е. Яковлевой [2006] – анализ названий продуктов питания, Е.А. Сотниковой [2006] – исследование названий парфюмерных продуктов (парфюмонимов), Н.Г. Мордвиновой [2008] – анализ названий алкогольных напитков, А.А. Исаковой [2008] – исследование наименований современ-ных механизмов (механонимов), И.И. Файзуллиной [2009] – анализ названий продуктов питания и алкогольных напитков и др..

Проиллюстрируем подобный анализ на весьма характер-ных примерах.

Проанализировав свыше 5000 русских, английских, немец-ких и французских названий механизмов (механонимов), А.А. Исакова разделяет их на пять групп: транспортные, нефтега-зовые, промышленные, медицинские и бытовые механонимы. Анализируя данные группы наименований, автор выделяет следующие приоритетные принципы номинации механического объекта: учет свойств объекта номинации (“*Samsung SuperGrille*”, “*Электролюкс*”), индивидуальность автора (кухонное оборудование “*Kuppersbusch*” – основатель немец Фридрих Кюпперсбуш), ориентир на покупателя (“Volkswagen” – “народный автомобиль”), учет специфики предлагаемого товара или услуг (“*Abarth Bialbero*” – легковой автомобиль конструктора Карло Абарта, где Bialbero – два распределительных вала, “*Audi A3 Sportback*”), стремление создать рекламу основного товара или услуги (Малые бытовые приборы “*Siemens*”) [Исакова, 2008, с. 16–17].

На основе перечисленных выше принципов определяются основные способы номинации в структуре механонимического пространства:

1) суффиксальный способ со следующими уменьшительно-ласкательными суффиксами *–их, -ок, -чик, -очк, -еньк, -ок, -ик, -ушк, -юшк*. Такие названия создают эффект необычности, новизны. Например, “*Запорчик*”, “*Горизонтик*”, “*Волжаночка*”, “*Веснушка*”;

2) префиксальный способ характерен для английских механонимов: префикс латинского происхождения *super-*, который обозначает высшее качество – “*Superstyle*”, “*Superluxe*”; компонент *master* имеет значение действующего предмета и экспрессивно-оценочное значение: “*Grillmaster*”, “*Master Blend*”;

3) аббревиатуры и сокращение: буквенное, буквен-

но-слоговое сокращение или телескопия. Например, *агрегат насосный НМШФ, электрокардиограф шестиканальный CARDIOVIT,* автомобили *УАЗ, ЗИЛ, КАМАЗ,* автобус *ПАЗ;*

4) сложение: однословное (монолексемное) и многословное (полилексемное) обозначения. Например, однословные: автомобили *"Волга", "Москвич",* часы *"Чайка";* многословные: сотовый телефон *Сони Эриксон,* кондиционеры *Самсунг Премиум,* стиральная машина *"Вятка-автомат",* мотоцикл *"Мотто-Гуцци";*

5) заимствование, при котором используется транслитерация – побуквенная передача текстов и отдельных слов, записанных с помощью одной графической системы, средствами другой графической системы: *"Де люкс", "Эппл"* [Исакова, 2008, с. 23–25].

В последние годы наметился более широкий подход к исследованию прагматонимической номинации. Например, работа О.Е. Яковлевой характеризуется семиотическим подходом к изучению принципов и способов номинации в ономастике.

О.Е. Яковлева [2006] на материале номинаций продуктов питания рассматривает семиотическую типологию прагматонимов современного русского языка. Автор приводит примеры, которые выбирались в соответствии с класами Международной классификации товаров и услуг. В данной работе определяются единицы маркетинговой терминологии: *товарная категория* и *бренд,* обосновывается целесообразность использования термина прагматоним, для обозначения маркетинговых реалий определяются понятия *корпоративный бренд*, *индивидуальный бренд*, *мультибренд*. О.Е. Яковлева обобщает формальные и содержательные критерии удачного названия: точность и содержательность; благозвучность, ритмичность и легкость произношения; отсутствие нежелательных фонетических и семантических ассоциаций и др.. При разработке данной типологии автор опирается на классификацию знаков американского исследователя Ч.С. Пирса и выделяет 7 семиотических типов русских коммерческих названий: прагматоним иконического первичного типа (чай "*Лисма*", масло "*Милора*"); прагматоним иконического вторичного типа (пельмени "*Дарья*", печенье "*Анна*"); прагматоним индексального первичного типа (готовые завтраки "*Хрумка*", мороженое "*Бананас*"), прагматоним индексального вторичного типа (сок "*Чемпион*", сливочное масло "*Смоленское*"); прагматоним индексального прецедентного типа (водка "*Менделеев*" (Д.И. Менделеев – изобретатель русской водки), пломбир "*48 копеек*" (48 копеек – стоимость пломбира в советское время)); универсальные прагматонимы-символы (шоколад "*Романс*", йогурт "*Мечта*"), прагматонимы–символы русской культуры (водка "*С легким паром!*", водка "*Отечество*"). После приведения многих примеров автор делает вывод: выделенные семиотические типы прагматонимов характеризуются степенью продуктивности, обусловленной их соответствием языковой компетенции потребителя, а также

способностью выполнять заложенные в них маркетинговые це-
леустановки.

А.Ю. Мазилова [2005] даёт лингвистическую классификацию наименования товаров 3-х тематических групп – названия
обоев, мыла и шоколада, чтобы определить: насколько важной
кажется производителям мотивированность наименования, а
также какая именно - прямая или косвенная; какие лексемы
предпочитаются производителями; насколько удачными являются созданные ими товарные знаки. Для данного анализа автор взял по 100 наименований указанных товаров. Анализируя
данные названия товаров, А.Ю. Мазилова пришла к выводам,
что:

1) мотивированность или немотивированность наименования товара зависит от того, какой это товар (желательный или
необходимый покупателю; продовольственный или непродо-
вольственный; воспринимающийся визуально или нет и т.д.);

2) слово, взятое для создания онима, должно вызывать по-
ложительные ассоциации у покупателя;

3) при создании наименований любой группы действует
принцип аналогий – «моды» на определенный тип номинации
[Мазилова, 2005].

И.И. Файзуллиной [2009] рассматриваются названия российских продуктов питания разных категорий (классов) с точки
зрения семантики, лингвокультурологии и прагматики. Автором проводится лексико-семантический анализ номинации

пищевых продуктов, выделяются 2 группы прагматонимов: 1) отонимные (образованы от имён собственных) и 2) отапеллятивные (образованы от нарицательных языковых единиц). В каждой группе выделяются семантические подгруппы. Выявленные лексико-семантические типы прагматонимов обнаруживают различную степень продуктивности, обусловленную как экстралингвистическими факторами, так и высокой степенью "оязыковленности" некоторых товарных категорий. Анализ лингвокультурологической составляющей прагматонимов показал, что созданные по особым образцам названия продуктов питания способны внедряться в сознание носителей языка и участвовать в формировании его языковой картины мира. В прагматическом аспекте рассматриваются принципы создания прагматонимов: принцип эмоциональности, принцип языковой игры, принцип эстетичности и принцип образной номинации, отмечаются языковые средства для реализации этих принципов [Файзуллина, 2009]. Примечательно, что большинство примеров, используемых автором для иллюстрации данных теоретических положений – это названия кондитерских продуктов, что доказывает их особую лингвокультурологическую и лингвопрагматическую значимость для носителей русского языка.

Рассмотренные исследования имеют теоретический характер и вносят вклад в изучение особенностей искусственной номинации. Они опираются на теоретические положения М.В. Голомидовой, которая определяет искусственную номинацию

как номинативный акт, который принадлежит сфере функцио-
нально-ролевой коммуникации и ставит своей целью создание
наименования, рассчитанного на априорную узуализацию [Го-
ломидова, 1998, с. 65].

Однако вполне закономерно появление исследований при-
кладного характера, в которых вырабатываются рекомендации
по созданию прагматонимов. Такие рекомендации основывают-
ся на экспериментальных данных. Например, М.Е. Новичихина
[2003] разработала несколько взаимосвязанных методик оценки эффективности того или иного наименования (метод определения субъектиных дефиниций, метод определения субъек-
тивных ожиданий, метод фоносемантического анализа и др.),
предполагающих проведение экспериментов как с создателями
коммерческих названий, так и с носителями языка, на которых
эти названия рассчитаны. Выявленные результаты экспериментов позволили автору поставить вопрос об эффективности
коммерческой номинации, в рамках которой автор выделяет
коммуникативную эффективность и собственно коммерческую
эффективность.

Н.А. Стадульская [2003] выделяет "эффективные", "удачные" и "неудачные" товарные знаки с тем, чтобы установить
некоторые критерии их эффективности. По наблюдению автора, "эффективные", "удачные" товарные знаки указывают не
только на более высокую ценовую категорию ("*Montblanc*",
"*Queen*", "*Duke*"), но и на более высокое качество товара (то-

варные знаки с словами *best, royal, gold, platinum*). А также они направлены на учет специфических особенностей социальных, этнических, возрастных групп потребителей (шоколад *"Kinder"* предназначен для детей) [Стадульская, 2006, с. 172].

На основе анализа собранного материала Н.А. Стадуль-ская делает вывод, что создатели неудачных товарных знаков надеются на созвучие своих названий с известными товарами, хотят ускорить продвижение своей продукции на рынке. Например, *"Bio-Max"* – кефир, а *"BiMax"* – стиральный порошок, *"ABSOLUT"* – знаменитая элитная водка из Швеции, но *"Absolut"* – антибактериальное мыло [Там же. с. 173]. Считаем, что в данном случае речь идёт о манипулятивной функции прагматонимов, которую мы рассматриваем в 2-ой главе нашего исследования.

Рассмотренный материал позволяет нам сделать вывод, что основными способами номинации у прагматонимов можно считать следующие:

- лексико-семантический (онимизация, трансонимизация, заимствования);

- словообразовательный (аффиксация, перификация, словосложение);

- лексико-синтаксический (словосочетания и предложения);

- фонетический;

- комплексный.

1.2.2.2　Исследования китайской прагматонимии

Как отмечалось ранее, коммерческая номинация давно существует в Китае, однако она является малоизученной областью лингвистики.

Лингвистическому исследованию современных особенностей словесных товарных знаков посвящены работы Чжу Яцзюнь [1991, 2003], У Ханьцзян и Цао Вэй [2005]. Однако специального термина, аналогичного используемому в российской ономастике термину "прагматоним", авторы не используют.

Чжу Яцзюнь, основываясь на материале китайских и английских / американских прагматонимов, выделяет несколько способов (тактик) для создания названий товаров. Они могут быть сведены к двум основным – фонетическому и лексико-семантическому. Причём последний имеет несколько подвидов.

Остановимся подробнее на основных особенностях данной классификации, в рамках которой автор недифференцированно рассматривает китайские и западные названия.

Фонетический способ представлен в ономастике четырьмя подвидами: звукоподражание, использование омофонов, рифмовок и звуков, ассоциативно связанные с особенностями товара.

Звукоподражание – это имитация звуков, издаваемых человеком или животным. Используется данный способ при номинации товара с целью воздействия на психику человека.

Например, фотоаппарат "*Kodak*" – подражание звука затвора фотоаппарата; холодильник "*Haier*" – ударение на слог "Hai", который звучит тогда, когда человек радуется.

Использование омофонов, т.е. разных языковых знаков, имеющих одинаковое или сходное звучание [Чжу Яцзюнь, 2003, с. 84–85]. Например, мороженое "*Lyons Maid*" производится английской фирмой "*Lyons Maid*". Слово "Maid" похоже на слово "Made". Поэтому часто считают, что мороженое "*Lyons Maid*" – это мороженое производится компанией "Lyons". Другой пример название китайского препарата "无言" (нет слов), которое, кроме того, несёт информацию о том, что данный препарат действует против воспаления, потому что в китайском языке *воспаление* и *нет слов* – 炎症, 言(yan) и 炎(yan) имеют одинаковое звучание.

Рифмовка представляет собой чередование в определенном порядке рифмованных слогов. При номинации товара используются слова, в которых повторяется один и тот же согласный или один и тот же гласный. Например, газированные напитки "*Coca-Cola*", бумажные платки "*Viva*", бытовая техника "长城" (Changcheng – Великая стена), водка "龙宫" (Longgong – дворец дракона). Такие названия дают приятные звуковые ощущения.

Использование звуков, ассоциативно связанных с особенностями товара. Например, названия "龙" (лун), "雄" (сюн), "*Hawk*" – по их звучанию люди ассоциируются с тем, что эти товары предназначены для мужчин, а названия "迷你" (мини), "*Vix*", "*Annabella*" – по произношению явно товары для женщин.

Лексико-семантический способ представлен в коммерческой номинации четырьмя подвидами: простая, сложная, производная и особая семантизация.

Простая семантизация. Чжу Яцзюнь отмечает, что при номинации товара используются слова и устойчивые словосочетания, давно существующие в данном языке [Чжу Яцзюнь, 2003, с. 92–93]. При простой семантизации употребляются имена существительные, имена прилагательные и глаголы. Имена существительные используются для номинации как китайских, так и западных товаров. Например, названия китайских производителей: автомобиль "红旗" (Красный флаг), часы "上海" (Шанхай), канцтовары "博士" (доктор); названия западных производителей: духи "*Advantage*", фотоаппарат "*Olympus*", мыло "*Ivory*". Употребляются также имена прилагательные. Например, китайские названия: препарат "神奇" (Чудейсный), кондиционер "远大" (великий), шампунь "灵" (действенный), западные названия: торт "*Happy*" (весёлый), механические оборудования "*Reliable*" (Надёжный), автомобиль "*Intrepid*" (Fеесстрашный). Глаголы также могут употребляться в процессе номинации товаров: китайские названия – спиртные напитки "开" (открывать), пельмени "含笑" (улыбаться), ювелирное изделие "爱" (любить), западные названия – стиральные порошки

"*Cheer*" (Приветствовать), духи "*Joy*" (Радовать), уход за кожей "*Rely*" (Надеяться).

Сложная семантизация. С помощью данного способа товарные знаки образуются сочетаниями двух или более слов: китайские названия товаров – батарея "*红帆*" (красный парус), сигареты "*游中原*" (путешествовать в центре Китая), крем для обуви "*黑又亮*" (чёрный и блестящий), одежда "*虎豹*" (тигр и леопард), западные названия товаров – пиво "*Blue Ribbon*", фруктовый сок "*Ocean Spay*", трубочный табак "*No Name*".

Производная семантизация (аффиксация) связана с образованием словесных товарных знаков при помощи изменения морфемной структуры слов. По мнению Чжу Яцзюнь [2003], данный способ часто встречается при номинации товаров на английском языке. Аффиксация включает разновидности: префиксация (косметика "*Ultracare*", блиц-лампа "*FabFlash*"), суффиксация (автомобиль "*Viva*", одежда "*Spirella*", полотенце "*Kotex*"). Префиксация и суффиксация, используемые для создания словесных товарных знаков, повышают эмоциональность и экспрессивность названий.

В связи с тем, что в китайском языке существует немного префиксов и суффиксов, при номинации китайских товаров редко используется аффиксация. По статистике, проводимой Чжу Яцзюнь [1991], в современном китайском языке существует около 50 суффиксов. В исследовании им были обнаружены прагматонимы, образованные аффиксальными способами:

использование префиксов "老" (старый), "小" (маленький) –
пищевые продукты "老干妈" (Старая матушка), стиральная
машина "小神童" (Маленький вундеркинд). Отметим, что данные названия могут быть переведены на русский язык только
словосочетаниями.

Самыми типичными префиксами и суффиксами для создания словесных товарных знаков являются "金" и "达". Префикс
"金" ставится перед именами существительными и имеет са-
мостоятельное значение "драгоценность, что-то золотое" (как
в прямом, так и в переносном смысле). Можно сказать, что
префикс "金" универсальный, т.к. при номинации товаров его
можно ставить перед именами животных, растений, названиями мест и другими типами имён: мотоцикл "金鸟" (Золотая
птица), кофе "金雀" (Золотой воробей), бытовая техника "金牡
丹" (Золотой пион), колёса "金竹" (Золотой бамбук), сигареты
"金北京" (Золотой Пекин), телевизор "金星" (Золотая звезда).
Товарный знак, образованный с помощью префикс "金" в составе искусственных (немотивированных) слов, часто передает
информацию о высоком качестве данного товара: велосипед "金
莱尔" (Цзиньляэр), портфель "金梦奴" (Цзиньмэнну).

В китайском языке суффикс "达" многозначный, основ-
ное его значение может быть переведено на русский язык как
«беспрепятственный». В Древнем Китае изображение этого иероглифа означало пожелание успеха в делах торговцев и ремес-
ленников. При создании словесных товарных знаков суффикс

"达" часто встречается после имён прилагательных и глаголов, обозначая процветание, успешность, благополучие: пылесос "富达" (Благополучие), бытовая техника "万利达" (Миллионная польза).

Подобные суффиксы, используемые для создания словесных товарных знаков, повышают их воздействующий потенциал [Чжу Яцзюнь, 2003, с. 95–103].

Специфические способы. В этом случае словесные товарные знаки образуются особыми словообразовательными способами. Это такие способы, как аббревиация, перенос, добавление, замена, смешанный способ.

Аббревиация представляет собой сложение сокращенных основ. Например, "天工" – 天津化工厂 (Тяньцзинский химический завод), "*IBM*" – International Business Machines Co. Автор считает, что словесные товарные знаки, образованные путём аббревиации, не являются новыми словами, это просто новые обозначения, образованные от уже существующих названий.

Под *переносом* понимается использование обратной формы слова для создания прагматонимов. По замечанию Чжу Яцзюнь, в сегодняшние дни данный способ является наиболее творческим. Хотя преобразованное при помощи этого способа слово сильно отличается от первоначального вида, значение слова не изменяется. Например, китайское название – цемент "建福" (Цзянь фу – если прочитать в обратном виде, то это южный город Китая Фу Цзянь), западное название – молочные продукты "*Klim*" (в обратной форме – milk).

Добавление – этот способ образования прагматонимов об-
наружен автором только в материале западных названий. Способ "добавление" заключается в том, что ставят одну букву или
один знак в середину двух или более слов. Например, такие названия, как инструмент "*Safe –T-Shore*", рожок "*U & Me*". При
помощи *замены* в процессе номинации прагматонимов происходит замена одной буквы на другую, что является отступлени-
ем от норм английской орфографии, но облегчает произноще-
ние. Например, мыло "*Nyse*" (было слово *Nice*), лифт "*Lift-u*"
(было слово *lift you*).

Смешанный способ подразумевает изменение "внешней
формы" двух или более слов, затем создание товарных знаков
на основании объединения в одной языковой единице элементов разных слов. Например, китайские названия – зубная паста
"黑妹" (Чёрная сестра), бельё "梦洁" (Сон и чистота), западные названия – часы "*Timex*", фотоаппарат "*Instamatic*" [Чжу
Яцзюнь, 2003, с. 104–114]. Несмотря на свою искусственность,
эти названия очень выразительны. В русском языке это явление
получило название телескопия [Лейчик, 1982, с. 80].

На основе полученных данных Чжу Яцзюнь приходит к
выводу, что при номинации китайских и западных прагматонимов фонетический способ имеет символический характер,
который отражает национальные особенности разными способами, в английском языке ведущую роль играет ударение, в

китайском – тоны. Лексико-семантический способ является основным способом для создания словесных товарных знаков как в китайском, так и в английском языках.

Анализируя особенности китайских словесных товарных знаков, У Ханьцзян и Цао Вэй [2005] выделяют следующие способы номинации: фонетический способ, лексико-семантический способ и разные грамматические конструкции.

Фонетический способ образования подразумевает образование товарных знаков непосредственно с помощью разных звуковых сочетаний, а также изменения высоты звука, т.е. изменения тонов.

Кроме способов номинации – использования омофонов и рифмовки, предложенных Чжу Яцзонь в 2003г., У Ханьцзян и Цао Вэй отмечают ещё один способ – *редупликация звуков*, которая является одним из наиболее часто употребляющихся способов номинации при создании китайских товарных знаков. Например, молоко для умывания "安安" (ANAN – успокоение); лосьон для тела "芳芳" (FANGFANG – аромат), детское питание "娃哈哈" (WAHAHA – ребёнок хохочет), одежда "大哥大" (DAGEDA – большой брат). Существуют также названия с повторением арабских чисел или букв. Например, препарат "*999*", полотенце "*414*", стиральный порошок "*OMO*", подшипники "*ZWZ*" [У Ханьцзян, Цао Вэй, 2005, с. 20–21].

Среди названий, образованных *лексико-семантическим способом*, выделяется одноморфемные слова, составные слова и свободные словосочетания. Сравнивая количество разных типов названий, авторы заметили, что свободные словосочетания составляет большую часть среди собранного материала (66.83%), потом идут составные слова (19.32%) и одноморфемные слова (13.85%). Например, одноморфемные слова: мыло для стирки "雕" (Могущий орёл), газированные напитки "芬达" (Fanta); составные слова: запчасти для автомобиля "安乐" (Спокойствие и веселье), сахар-песок "草原" (степь); свободные словосочетания: костюмы "温馨鸟" (Тёплые птицы), компьютеры "清华同方" (Цинхуатунфан).

Кроме того, авторами обращается внимание на создание многочисленных названий с обозначением цвета: белый цвет – батарейки "白象" (Белый слон), замазки "白莲花" (Белый лотос), чёрный – препарат "白加黑" (Чёрный + белый), красный – зонтик "红叶" (Красный лист), сигареты "红河" (Красная река), утюг "红心" (Красное сердце), синий (голубой) – пиво "蓝带" (синяя лента), "蓝天"(Голубое небо) и др. Разные цвета имеют свое собственное значение, например, белый цвет символизирует чистоту и изысканность, зелёный – спокойствие, надежда, жёлтый цвет в Китае обозначает что-то священное, достойное и т.д..

Широко представлена нумерализация – использование латинских и китайских цифр для создания словесных товарных знаков. Например, шампунь "566", антенна "001", полотенце "414" и "717", цемент "三六", пиво "三九", приправа для китайского самовара "三五", косметика "一朵" (один цветок), сигареты "五指山" (Гора пять пальцев), одежда "七匹狼" (Семь волков). Автор отмечает, что для создания словесных товарных знаков используются китайские цифры чаще всего в качестве дополнительного компонента. В процессе исследования были обнаружены всего три названия, образованные только из китайских цифр. Также обращает на себя внимание использование слов, которые имеют отрицательное значение, однако в определенной ситуации их можно понимать по-другому: китайская водка "酒鬼" (Алкоголик), семечки "傻子" (Дурак). Отмечается использование стихотворений, созданных в Древнем Китае, или отдельных слов из крылатых выражений, легенд или мифов, слов из модных песен: трикотажное изделие "鹅" (Гусь) – из стихотворения "Воспеть гуся", созданного во времена династии Тан, бумага для каллиграфии "红星" (Красная звезда) – слово из революционной песни, мороженое "双喜" (Две радости). В последнем примере имеются в виду неожиданные события у Ван Анши, жившем в династии Сун: он одновременно женился и получил учёную степень, присваиваемую в феодальном Китае после дворцовых экзаменов.

Заметим, что подобные имена, согласно терминологии, сложившейся в российской лингвистике, называются прецедентными. Они восходят или к прецедентным текстам, под которыми понимается законченный и самодостаточный продукт речемыслительной деятельности (прецедентный текст хорошо знаком любом среднему члену национально-лингво-культурно-го сообщества), или к прецедентным ситуациям, под которыми подразумевается некая "эталонная", "идеальная", ситуация, связанная с набором определенных коннотаций, дифференци-альные признаки которой входят в когнитивную базу [Красных, 2002, с. 47–48].

Путём *грамматических способов* образуются словесные товарные знаки, которые можно разделить на следующие группы: сочинительная (копулятивная), атрибутивная, глаголь-но-объектная, предикативная и др. Например, сочинительная (копулятивная) структура – туалетная бумага "洁柔" (чистота и нежность), атрибутивная структура – канцтовары "白雪" (Бе-лый снег), глагольно-объектная структура – игральные карты "钓鱼" (Ловить рыбу).

Изучая эти материалы, мы заметили, что для создания ки-тайских и русских прагматонимов используются почти одни и те же способы номинации. Однако русский и китайский языки являются неблизкородственными, поэтому в процессе номи-нации в связи с особенностями каждого языка употребляются ещё и некоторые специфические способы номинации.

Кроме того, китайские исследователи Ма Дунци и Кан Вэйминь [2007] рассматривают культуру создания товарных знаков в одном ряду с другими типами культуры – культуры одежды, еды, употребления спиртных напитков и др.. В ки-тайских товарных знаках, по мнению авторов, определяются следующие типы культуры: "дракон", "конфуцианство", "империя", "народные обычаи".

Дракон – это древний символ китайской культуры, он отражён во всех типах деятельности китайцев. По наблюдениям Ма Дунци и Кан Вэйминя, символ "дракон", в большинстве случаев, является компонентом товарных знаков водки. Эти названия водки авторы группируют следующим образом:

1) названия, различающиеся по цвету дракона – "青龙" (Синий дракон), "金龙" (Золотой дракон), "黑龙" (Чёрный дракон);

2) названия, различающиеся количеством – "独龙" (Один дракон), "二龙" (Два дракона), "九龙" (девять драконов);

3) часть тела дракона – "龙头" (Голова дракона), "龙心" (Сердце дракона), "龙须" (Усы дракона), "龙尾" (хвост дракона);

4) названия, обозначающие телодвижения дракона – "卧龙" (Лежащий дракон), "飞龙" (Летающий дракон);

5) названия, различающиеся качеством дракона – "吉龙" (Благополучный дракон), "祥龙" (Благородный дракон), "和龙" (Гармоничный дракон);

6) местонахождение дракона: "龙海" (Море дракона), "龙泉" (Источник дракона), "龙阁" (Терем дракона), "月龙" (Лунный дракон), "龙凤山" (Гора дракона и феникса). Последний вид наименований имеет особенно широкое распространение в Китае.

Конфуцианство играет важную роль в традиционной китайской культуре. Оно сильно влияет на мировоззрение китайцев. При наименовании товаров конфуцианство выражается в том, что, во-первых, на основе основного морального принципа "человеколюбие" создают товарные знаки. Такие названия, как медицинский препарат "同仁堂" (Зал для народа), "仁和" (Человеколюбие и гармония), "汇仁" (Всё для блага человека), во-вторых, на основе моральных принципов "искренность" и "достоиство", например, название сплит-системы "海信" (Терпение и бесконечная искренность), название программного обеспечения "信利" (Искренность). Несмотря на то, что товарный знак создан для современного товара, он всё равно содержит традиционную конфуциансткую моральную идею.

В Древнем Китае в имперский период сложилась культура империи, согласно которой император в Китае – это державный владыка. Этим объясняется большое количество современных названий с иероглифом "王" (Император) или со словами, близкими к нему по значению: косметика "花王" (Император цветов), мотоцикл "王冠" (Царский венец), механизмы "路王" (Император дороги), водка "禹王" (Император Юй), обувь "足王" (Император ноги), сигареты "女皇" (Императрица), компьютер "小霸王" (Маленький гегемон) и т.д.

Среди современных китайских товарных знаков нередко встречаются названия, связанные с народными обычаями. Так, в Китае для наименований товаров или предприятий обязательно употребляются иероглифы, обозначающие счастье и благополучие. Такие иероглифы, как "吉" и "顺" (благополучие), "喜喜" (две радости), "福" (счастье), "和" (гармония), "利" (интересы), "发" (обогащение) и др. Примерами названий с такими иероглифами являются конфеты "喜喜" (Две радости) и "吉嘉" (Благополучие и красота), супермаркет "全家福" (Общесемейное счастье), водка "顺酒" (Благополучие).

С учётом рассмотренных научных разработок проводятся прикладные исследования с выработкой рекомендаций составителям названий. Некоторые из работ рекомендательного характера имеют ярко выраженную национально-культурную специфику. Например, в книге «Эффективные товарные знаки» Чжан Шужэнь [2007] полагает, что в современном Китае применительно к товарным знакам используется фэншуй, то есть по атрибутам "стихий" определяется гармония или дисгармония в конкретной точке пространства и времени. Автор даже создал специальные руководства, в которых владельцу товарного знака рекомендуется подбирать товарный знак в соответствии с системой элементов природы (металл, дерево, вода, огонь, земля).

Подводя итог сказанному, отметим, что в русской и китайской прагматонимии, по данным большинства исследователей, существуют определённые закономерности создания названий, обусловленные как общей рекламной направленностью объекта номинации, так и национально-культурными особенностями.

Способы номинации в русской и китайской прагматонимии, несмотря на структурные различия языков, можно поставить в соответствие друг другу и учитывать при анализе конкретного материала – названий кондитерских изделий.

Выводы по первой главе

Рассмотренный в первой главе материал позволил определить основные этапы развития коммерческой номинации и основные подходы к их ономастическому исследованию.

Подробное рассмотрение истории коммерческой номинации на разных этапах экономического развития в Европе, России и Китае позволяет нам сделать вывод о том, что историко-экономическое развитие страны значительно влияет на активизацию в области коммерческой номинации. В этом отношении у России и Китая есть немало общего. Например, на начальном этапе развития коммерческой номинации в России и Китае названия товаров имели только описательный характер. Коммерческая номинация в обеих странах получило широкое распространение лишь в конце XIX – начале XX в.в. под влиянием западной культуры, и в это время вышел закон о товарных знаках, знаках обслуживания и наименованиях мест происхождения товаров.

Анализ лингвистических работ по ономастике показал,

что для обозначения словесных товарных знаков существует несколько терминов. В нашем исследовании используется термин в более корректной форме – *прагматоним*, под которым в ономастике понимается любое словесное обозначение марки товара или вида предлагаемых услуг, охраняемое законом. Эти словесные обозначения, сочетающиеся в разных пропорциях с символами и рисунками, служат для идентификации товаров и услуг.

Среди ономасиологических классификаций коммерческой номинации выявляются три принципа номинации для русских товаров: идентифицирующий, условно-символический, символический. Для создания названий русских товаров отмечаются следующие способы номинации: лексико-семантический (семантическая онимизация, трансонимизация, заимствование), словообразовательный (аффиксация, субстантивация, словосложение, аббревиация), лексико-синтаксический (словосочетания и предложения), специфические (нумерализация, инициализация, сращение, сегментация, графический каламбур, грамматический каламбур, семантический каламбур рекламного имени с игровой семантикой, стилизация, гибридизация), фонетический, комплексный. У китайских прагматонимов отмечаются следующие способы номинации: фонетический (звукоподражание, использование омофонов, рифмовок и звуков, ассоциативно связанные с особенностями товара, редупликация звуков), лексико-семантический (простая, сложная, производная и особая семантизация, нумерализация, прецедентные имена), специфические способы (аббревиация, перенос, добавление, замена, смешанный способ), смешанный способ (аналогичный способ в русском языке называется телескопом), разные грамматические конструкции (сочинительная, атрибутивная, глагольно-объектная, предикативная конструкция).

Проанализированный прагматонимический материал свидетельствует о том, что основные номинационные процессы в этом онимическом поле, несмотря на структурно-семантическое разнообразие, поддаются системному исследованию и изучаются, исходя из понятий принципа и способа номинации.

Русский и китайский языки являются неблизкородственными, но по сравнению способов номинации русских и китайских прагматонимов, можно заметить, что способы номинации при создании русских и китайских прагматонимов имеют сходство. Подробному сопоставительному анализу русских и китайских прагматонимов с учётом прагматических факторов, влияющих на их создание и употребление, посвящена вторая глава нашего исследования.

Глава 2 Прагматика названий кондитерских изделий

2.1 Понятие номинативной ситуации

Для описания какого-либо языкового феномена в прагматическом аспекте необходимо учитывать ситуацию общения, которая включает в себя объект номинации, адресат, адресант, канал связи, код (языковые средства), паралингвистические средства. Анализ ситуации общения для нас является актуальным.

Рассматривая ситуацию общения, Н.Д. Арутюнова останавливается на вопросах интерпретации дейктических знаков ("здесь", "сейчас" и т.п.), индексальных компонентов в значении слов, влияния речевой ситуации на тематику и форму коммуникации (типичные темы и формы разговоров в гостях, в больницах и т.п.) [ЛЭС, 1998, с. 390].

Ситуация общения, по определению В.Г. Гака, – это "совокупность элементов, присутствующих в сознании говорящего и в объективной действительности в момент 'сказывания' и обусловливающих в определенной мере отбор языковых элементов при формировании самого высказывания" [Гак, 1998, с. 251].

Ситуация – это отрезок отражаемой в языке действительности, она образуется в результате координации материальных объектов и их состояний. В.Г. Гак выделяет две формы координации: временную и пространственную. Эти два типа координации являются единственным способом, посредством которого можно включить объект в ситуацию и заставить его "существовать". Но вместе с тем временная и пространственная координации различаются тем, что временная координация устанавливает отношение между состояниями внутри объекта, а пространственная координация определяет отношение между объектами (обязательно присутствует другой объект).

В связи с возможностью существования обеих форм координации в реальной ситуации В.Г. Гаком выделяются три типа ситуации:

а) ситуация-манифестация (проявление) с преобладанием временной координации;

б) ситуация-отношение с преобладанием пространственной координации;

в) смешанные ситуации, в которых представлены обе формы координации (в разных пропорциях) [Там же. с. 253].

Любая координация – временная или пространственная – называется процессом, являющимся основным динамическим элементом ситуации. Отмечается несколько аспектов и связей процесса, определяется внутреннее отношение процесса, отношение процесса к другим субстанциям, отношение процесса к другим процессам. На основании этого делается вывод о том, что конкретный тип отношения процесса соответствует конкретной структуре выражения.

Основываясь на результатах проведённых исследований отношения высказывания к ситуации, В.Г. Гак делает следующие выводы:

а) одна и та же ситуация (предметные отношения) может быть описана разным способом;

б) способ описания ситуации происходит путём выделения и наименования её элементов в процессе формирования высказывания;

в) синтаксическая конструкция при формировании высказывания целостно отражает структуру ситуации такой, какой мы её себе представляем [Там же. с. 256–257].

Разные способы обозначения ситуации В. Гумбольдт пытался объяснить с помощью "внутренней формы" языка. По мнению В. Гумбольдта, внутренняя форма – не только нечто, свойственное единичному наименованию, но некое однообразие, однородность, наблюдаемые во всех проявлениях языка [Цит. по: Гак, 1998, с. 260].

Кроме того, «внутренняя форма» языка рассматривается В. Гумбольдтом с точки зрения теории установки, разработанной советским психологом Д.Н. Узнадзе. Установка представляет собой специфическое целостное отражение объекта в субъекте при воздействии первого на второе. Д.Н. Узнадзе выяснил роль установки в процессе номинации и формировании внутренней формы слова. По его мнению, в различии наименований само по себе отражение – это вторичное явление, его характер определяется той установкой, которая была свойственна воспринимающему субъекту в момент наименования. Можно сказать, что внутренняя форма слова создаётся установкой [Цит. по: Гак, 1998, с. 260–261].

Несмотря на то, что установка – это явление индивидуальной психики, В.Г. Гак считает, что она основывается на обыденных привычках и стереотипах, потому что человек не может самостоятельно и оригинально перерабатывать все встречающиеся в жизни ситуации. Стереотипные установки помогают определять единообразный способ членить объективную реальность и черты, которые существуют в предметах и ситуациях и являются основой наименования.

Итак, существуют подходы к исследованию ситуации общения с разных точек зрения: с точки зрения структуры, отношения высказывания к ситуации и к внутренней форме высказывания. Всё сказанное выше применимо к конкретной форме ситуации, актуальной для нашего исследования – номинативной ситуации.

Исследуя особенности искусственной ономастической номинации, М.В. Голомидова разрабатывает понятие номинативной ситуации, применительно к именам собственным [1998]. Согласно определению В.Г. Гака, понятие «номинативная ситуация» в той или иной степени включает в себя сведения о контексте деятельности, или прагматическом контексте, под которым, по Т.А. Ван Дейку, понимается теоретическая и когнитивная абстракция разнообразных физико-биологических и прочих ситуаций [Ван Дейк, 1989, с. 20]. Так как речевое общение является составной частью социального взаимодействия, прагматический контекст может структурироваться, прежде всего, как контекст социальный. Для исходного структурирования социального контекста Т.А. Ван Дейк предположил использовать следующие категории: «личное/общественное», «институциональное/неформальное».

М.В. Голомидова отмечает следующие особенности номинативной ситуации при искусственной и естественной номинациях.

Номинативная ситуация может быть охарактеризована с точки зрения **сферы социальной активности**: общественной деятельности в институированных сферах; общественного взаимодействия в слабо формализованных сферах народной и городской культуры; личного общения в частных институтах (семейного); личного неформального общения и т.д.. Значение прагматического контекста в процессе номинативной деятельности заключается в ономасиологическом выборе объекта, или представлении о местоопределении самой денотации (уместности/неуместности). В социальном контексте используются разные типы лексики: общеупотребительная литературная лексика, социальная научная или профессиональная лексика, а также общеразговорный язык городского населения, просторечие, жаргон, диалект. При выборе лексики искусственная номинация ориентируется на литературный язык и его специальные терминологические подсистемы, естественная номинация – на обшеупоребительскую лексику и на нелитературные разновидности национального языка [Голомидова, 1998, с. 41].

В социальном контексте содержатся компоненты **социальных статусов называющих субъектов**. При искусственной номинации номинатор осознаёт своё право давать имена объектам. При естественной номинации в социально-ролевой позиции необходимо учитывать личный авторитет номинатора в социальной группе, его бытийный опыт, возраст, пол, специальные знания и пр.. Эти показатели имеют большую значимость для традиционной народной культуры, связанной прежде всего с авторитетными носителями.

Для осуществления искусственной номинации существуют **типизированные ситуации**, являющиеся фреймами социального контекста, которые представляются следующим образом: наречение новорожденного; официальное переименование; официальное присвоение имени искусственно созданному ландшафтному объекту; присвоение имени природному ландшафтному, либо космическому объекту при занесении его на карты, в каталоги, списки и т.д.; официальное наречение институтов общественной деятельности; присвоение имён творческим коллективам; присвоение имён транспортным средствам, уникальным техническим сооружениям и др..

Для осуществления естественной номинации вместо вышеуказанных ситуаций важной является последовательность речевых актов, которые в разной степени тематизируются относительно называемого предмета: прозывание; устная характеристика, выражение в текущем разговоре частного мнения, суждения, оценки человека или некоторого сообщества; объяснение в устном общении; воспоминание о каких-то событиях, связанных с объектом или лицом [Там же. с. 42].

В прагматическом контексте складываются **целеустановка** и **установка** к номинативной деятельности. Естественная номинация нацелена на удовлетворение потребности в вербальном воплощении информации в пределах текущей речевой ситуации, выражение экспрессивного или оценочного восприятия денотата, создание второго наименования для служения дополнительному различению, однако искусственная номинация ориентирована на создание наименований при официальном употреблении.

Рассматривается **режим осуществления номинации** с помощью типологии речевых актов и признаков, разработанных в работах Дж. Остина [1986] и Дж. Сёрля [1986]. М.В. Голомидова отмечает, что "речевой акт, в рамках которого осуществляется искусственная номинация, соответствует акту-установлению декларативного типа. '...' Создавая названия, номинатор вменяет в обязанность их употребление в коллективной речевой практике. Например, Сына назвали Кимом. Малой планете присвоили имя ‹Рамзай› и др." [Голомидова, 1998, с. 44]. Для естественной номинации важна последовательность речевых актов – дискурс или метадискурс, в котором не меняются социальные характеристики прагматического контекста.

В номинативной ситуации **каналом** для естественной узуализации является речевая практика. Процесс естественного обобществления номинативной единицы является ненаправляемым и нерегулируемым. При искусственной номинации ускоряется выработка у номинативной единицы свойства узуализированной, то есть "номинативная активность соединяется с императивной узуализацией, закрепляющей название за объектом наречении" [Там же. с. 44–45].

Обобщая результат сопоставления номинативной ситуации при искусственной и естественной номинациях, М.В. Голомидова приходит к выводу, что при естественной номинации языковой коллектив в неинституированных сферах в значительной степени использует новое наименование, апробирует и принимает его конкретные варианты, а искусственная номинация принадлежит институированной сфере, ориентируется на "априорную" узуализацию созданного наименования. [Там же. с. 45].

Основными компонентами номинативной ситуации являются субъект и объект номинации. Исходя из различных отношений номинатора к самому акту номинации, номинируемому объекту, адресату и языковой традиции М.Э. Рут [Рут, 2008, с.18–21] выделяет следующие типы номинации:

1) осознанные и неосознанные (по отношению субъекта номинации к акту создания новой номинативной единицы);

2) нейтральные и экспрессвно-эмоционально-оценочные (по отношению к объекту);

3) индивидуально направленная, социально направленная номинация и номинация общей направленности (по отношению к адресату номинации);

4) стандартные и нестандартные (по отношению к языковой традиции).

Что касается объекта номинации, М.Э. Рут отмечает, что "объект номинации может быть охарактеризован и сам по себе (тип номинируемого объекта), и в плане учёта его свойств номинатором (в той степени, в какой эти свойства отражены во вновь созданной номинативной единице)" В связи с этим, автором выделяются номинации единичных объектов и классов объектов, мотивированные и немотивированные номинации [Там же. с. 21].

С учётом изложенных выше положений считаем возможным выделение типизированной номинативной ситуации присвоения названий кондитерским изделиям, которая относится к сфере искусственной номинации, принадлежит к институированной сфере и разворачивается в рамках торгово-экономической деятельности. Режим осуществления номинативной деятельности в данной ситуации может быть охарактеризован

как речевой акт-установление декларативного типа, когда новое название целенаправленно изобретается и императивно
закрепляется за каким-либо образцом продукции. Основными
компонентами номинативной ситуации являются: именуемый
объект, именующий субъект, адресат. Как показал анализ нашего материала, все данные компоненты нашли отражение в
названиях русской и китайской кондитерских изделий.

2.2   Кондитерские изделия как объект номинации: экстра-лингвистический аспект

Среди продукции пищевой промышленности кондитерские изделия являются одним из самых популярных и востребованных во всём мире продуктов, так как они обладают
особыми вкусовыми качествами и высокой энергетической
ценностью. Кондитерские изделия имеют другое название – лакомства. Во все времена своего существования человек многие
события отмечал лакомствами. Лакомство являлось непремен-
ным атрибутом свадеб, встречи гостей и т.д..

В «Словаре русского языка» *лакомство* – это сласти, а также вообще лакомое блюдо [Ожегов, 1983, с. 280]. Близко к та-
кому понятию китайская лексема 美味, что значит прекрасный
вкус.

Однако отношение ко всем кондитерским изделиям как к

лакомству в России постепенно меняется.

Кондитерская промышленность в России считается одной из высокорентабельных отраслей, она вносит значительные суммы в бюджеты всех уровней. В зависимости от применяемого сырья, технологии производства и свойств получаемых продуктов кондитерские изделия разделяются на две группы: сахаристые (карамель, ирис, пастила, мармелад, халва, конфеты, шоколад), мучные (печенье, пряники, вафли, кексы, пирожные, торты) [Малютенкова, 2004, с. 7]. Стоит отметить, что многие из этих видов кондитерской продукции появились в России задолго до начала развития кондитерской промышленности.

Еще *в древнерусских летописях* встречаем упоминания о таких кондитерских изделиях, как пряники и куличи, которые являются основными русскими национальными кондитерскими изделиями [http://russiankitchen.narod.ru/3-4.htm].

А.И. Драгилев и Г.А. Маршалкин анализируют основные этапы развития кондитерской промышленности в России. Первые кондитерские фабрики в России начали открываться в середине XIX в.: в 1840 г. в России открылась кондитерская фабрика "Иванов и сыновья", в 1855 г. появилась фабрика "Сиу и К", переименованная впоследствии в "Большевик", в 1867 г. было основано товарищество "Эйнемъ", которое является предшественником нынешней кондитерской фабрики "Красный октябрь". Наиболее крупные фабрики были построены иностранцами в Москве, Санкт-Петербурге, Харькове, Киеве, Одессе во второй половине XIX в..

В это время в России при отсутствии собственного пищевого машиностроения на всех операциях применялся ручной труд, и лишь на наиболее крупных фабриках на некоторых участках производства шоколада, конфет и печенья в ограниченных количествах использовались машины. Поэтому производительность труда на кондитерских фабриках была низкая.

После Октябрьской революции крупные кондитерские фабрики были национализированы. Во время гражданской войны кондитерская промышленность пришла в упадок. В 1922 г. при её восстановлении были созданы тресты Моссельпрома: киевский, харьковский, одесский и др.. За годы первой пятилетки произошла реконструкция фабрик, появились машины, аппараты. С целью подготовки специалистов в Москве и Ленинграде были создана кафедра технологии кондитерского производства и техникумы.

После Великой Отечественной войны кондитерская промышленность восстанавливалась на базе более прогрессивной техники и технологии. Кондитерские фабрики были построены максимально ближе к районам потребителей, изменился ассортимент кондитерской продукции, увеличилась доля той продукции, которая пользовалась повышенным спросом у потребителей, появились диабетические и детские кондитерские продукты [Драгилев, Маршалкин, 2007, с. 4–7.].

В настоящее время кондитерская промышленность России является развивающейся отраслью, входит в число бюджетоформирующих отраслей пищевой промышленности. Сейчас в России существует около 1500 специализированных и прочих пищевых предприятий по производству кондитерской продукции. В российской кондитерской промышленности сохраняется тенденция роста объёмов производства. По данным статистики, сделанной аналитическим отделом РИА "РосБизнесКонсалтинг" в 2002 г, по объёму выпуска пищевой продукции кондитерская промышленность занимает 4-ое место в общем объёме производства пищевой продукции: "В 2001 г. объём производства кондитерских изделий превысил уровень 2000 г. на 9,5% и достиг 1790 тыс. т.. В то же время это в 1,6 раза ниже уровня 1990 г., когда было выпущено 2850 тыс. т. сладкой продукции. В 2002 г. высокие темпы роста производства в отрасли сохраняются. При сохранении нынешних темпов роста по итогам 2002 г. объём производства в отрасли может достичь 2000 тыс. т." [http://www.ecsocman.edu.ru/db/msg/163720.html]. В 2009 г. Минсельхоз РФ информирует, что в 2008 г. выработано 2847,7 тыс. т. кондитерских изделий с темпом роста к 2007 г. – 104% [Кондитеры подводят итоги и намечают перспективы, 2009, с. 6].

В последние годы в связи с повышением жизненного уровня населения в России растет потребление шоколада, шоколадных и других кондитерских изделий, содержащих какао.

Их производство является самым динамично развивающимся в кондитерской отрасли. Однако увеличение производства шоколада и шоколадных изделий преимущественно зависит от участия иностранного капитала. Как сообщает Минсельхоз, ¾ общероссийских продаж шоколадных изделий приходится на шесть ведущих фирм, четыре из них с иностранным капиталом. Шесть ведущих предприятий: Nestle (владеет самарской кондитерской фабрикой "Россия", Камской кондитерской фабрикой в г. Перми и кондитерской фабрикой "Алтай" в г. Барнауле), Kraft Foods (владеет кондитерской фабрикой "Покров", Владимирская область), Mars, "Кэдбери", холдинг "Объединенные кондитеры" (сюда входят ОАО "Рот Фронт", ОАО "МКФ "Красный Октябрь", концерн "Бабаевский"), кондитерское объединение "СладКо" (состоит из ОАО "СладКо", г. Екатеринбург и ОАО Кондитерская фабрика "Волжанка", г. Ульяновск) [Там же. с. 6].

В современной кондитерской промышленности России внимание учёных привлекают не только вопросы развития самой технологии производства, но и теория и методология дальнейшего развития данной промышленной области. Например, этой теме посвящено диссертационное исследование М.А. Ляпиной [2008]. Основной идеей работы является обоснование стратегических направлений экономического развития кондитерской промышленности России в рыночных условиях функционирования отрасли. На основе этой идеи М.А. Ляпина разрабатывает теоретические аспекты экономического развития кондитерской промышленности, выделяет основные методологические принципы формирования концепции экономического развития данной отрасли, и определяет, что можно рассматривать кондитерскую промышленность России как субъект экономики, который обладает динамическими характеристиками экономических систем. Автор разрабатывает стратегические направления развития кондитерской промышленности России, а также, опираясь на статистические данные, анализирует состояние рынка кондитерской продукции. Результаты анализа показали, что "кондитерская промышленность характеризуется высокой степенью концентрации капитала и значительной долей прямых иностранных инвестиций. '…' Стратегия развития кондитерской промышленности должна ориентироваться на формирование конкурентных преимуществ. Учитывая, что к конкурентным преимуществам высшего порядка относится запатентованная технология, дифференциация на основе уникальных товаров или услуг, высокий профессионализм персонала и прочие факторы, важнейшим источником создания и удержания конкурентного преимущества является постоянное обновление и инновационное развитие производства" [Ляпина, 2008, с.14].

Кондитерские изделия давно существовали в Китае. Об этом в частности свидетельствует тот факт, что иероглиф "饴", обозначающий сахарный сироп, встречается в книге, которая написана еще в период династии Хань (206 до н.э. – 220). Наверное, тогда появились первые кондитерские изделия, позже в Египте сделали лакомства из меда, инжира и кокоса, в Европе производили шоколад, и в США изобрели жевательные резинки.

В Китае кондитерские продукты также делятся на две группы: сахаристые (карамель, халва, сливочные конфеты, конфеты из желатина, жевательные резинки, проветренные конфеты в форме таблетки, конфеты в виде жидкости), мучные (торты, хлеб, лунные пряники). Как в России, так и в Китае некоторые виды кондитерской продукции появились ещё задолго до начала развития кондитерской промышленности.

По определению исследователя Цзо Сюйчу, кондитерская промышленность Китая является поздноразвивающейся отраслью. До 30-х годов XX в. китайские кондитерские изделия производили в мастерской, применялся только ручной труд, поэтому была низкая производительность труда. С 30-х годов XX в. началось появление крупных кондитерских фабрик, в которых использовались машины для производства кондитерских изделий. Такие фабрики, как "Хуали", которая производила кондитерские изделия под товарным знаком "手球牌" – (Ручной мяч), фабрика по производству пищевых товаров "Гуаньшэнюань", выпускавшая кондитерские продукты под известными марками "百鸟牌" – (Сто птиц), "同心牌" – (Единодушие), "生" – (Жизнь), и кондитерские фабрики "Тяньсин", "Тяньмин". До создания Китайской Народной Республики основные крупные кондитерские фабрики находились в приморских городах Китая [Цзо Сюйчу, 2002, с. 195–197].

В середине 90-х годов кондитерская промышленность Китая начинает активно развиваться, появляются разнообразные виды кондитерских изделий, расширяется масштаб производства кондитерских продуктов с иностранным капиталом. В 2001 г., когда объём производства достиг 847,1 тыс. т., кондитерская промышленность Китая вошла в "Золотой период", заняла третье место по производству сладкой продукции во всём мире, на первом и втором местах были США и Россия. Однако среднестатистическое годовое потребление кондитерских изделий составляло около 0,7 кг. на человека (в России – 4,5 кг., в США – 4,3 кг., в Турции и Японии – 1,4 кг.), в развитых странах среднестатистическое годовое потребление шоколада, шоколадных и других изделий, содержащих какао, составило 10 кг. на человека, а в Китае – около 50 г. [http://www.cncanorg. com.cn/memberarea/show.asp?id=2119]. Такое положение объясняется тем, что в Китае кондитерские изделия относятся к лакомствам, которые не предназначены для повседневного потребления.

Результаты статистики Nielsen показали, что с 2000 г. до 2007 г. кондитерская промышленность Китая является развивающейся отраслью, в течение шести лет неразрывно сохраняет высокий темп роста. Однако под влиянием скандала с меламином процент роста производства кондитерских

изделий 2008 г. впервые был ниже процента роста производства общей пищевой продукции [http://www.ic98.com/info/
nongye/249/2009521/42729.Html]. По словам председателя
комитета по кондитерскому сектору Ассоциации пищевой промышленности Китая, скандал с меламином не оказал на китайское кондитерское производство серьёзного влияния, потому
что из сухого молока производят только часть конфет [Журнал
«Кондитерское производство», 1·2009, с. 5].

О перспективах развития китайской кондитерской промышленности существуют разнообразные мнения. Чжу Даньпэн считает, что в будущем на одном кондитерском предпри-
ятии будут выпускаться все виды изделий, и производство
станет разнопрофильным, в связи с расширением производства
свадебных конфет появляются специальные товарные марки
для данной категории сладких изделий, и стандарт упаковки
кондитерских изделий сильно меняется [http://www.candychina.
net//cnews//news_show.asp?id=1925]. Ма Юн полагает, что нужно не объединение кондитерского рынка, а его дифференциация. Так, для дальнейшего развития предприятий необходимо
разделить кондитерский рынок в зависимости от мотивов потребителей на обыденный, праздничный и кондитерский рынок
для свадьбы, и в зависимости от территориальной принадлежности потребителей – на кондитерский рынок города и деревни
[http://www.emkt.com.cn/article/29/2933.html].

В опубликованном в интернете материале «Тенденции в

развитии кондитерской промышленности в будущие пять лет» показано, что а) в 2010 г. будет завершено урегулирование конфигурации производства; б) тенденцией в развитии кондитерской промышленности в будущие пять лет являются увеличение производства диабетических продуктов, добавление функции кондитерских продуктов, применение передовой техники; в) кондитерские изделия с иностранным капиталом будут продолжать "захватывать" китайский рынок; d) в связи с мировым экономическим кризисом кондитерская промышленность будет привлекать больше инвестиций [http://www.ic98.com/info/nongye/249/2009521/42729.Html].

Таким образом, кондитерская промышленность России и Китая находится на разных этапах развития. Российская кондитерская промышленность является одной из высокорентабельных отраслей в стране, а китайская недавно начала активно развиваться, по сравнению с другими отраслями в китайской промышленности, она вносит небольшие суммы в бюджет. Российские кондитерские предприятия создаются на базе передовой техники и технологии, тогда как в Китае только несколько крупных фабрик имеет прогрессивную технику.

Несмотря на существующие различия между российской и китайской кондитерской промышленностью, их дальнейшее развитие ориентировано на глобальные тенденции в производстве кондитерских изделий. Тремя основными тенденциями в производстве кондитерских изделий, выделенными компанией "Вильд", являются стремления к удобству (повышение внимания потребителя к упаковке изделий, которая зачастую должна отвечать требованиям "питания на ходу"), к удовольствию (требование покупателя к вкусовым качествам продукции), к здоровому образу жизни (требование потребителя к пониженному содержанию сахара). Другими словами, покупатель хочет видеть вкусный продукт в удобной упаковке, который приносит пользу человеку [Журнал «Кондитерское производство», 1·2008, с. 6].

Китайское кондитерское производство является сезонным, например, перед Новым годом, перед национальными праздниками и в "сезонах свадьбы", поэтому и упаковки, и названия кондитерских изделий – всё целенаправленно и связано с этими торжественными событиями. А кондитерские изделия в России присутствуют не только на праздничном столе, многие из них перестали относиться к категории "лакомство", уже считаются обыденной пищевой продукцией, такой, как фрукты или овощи. Это связано, в частности, с русской традицией пить чёрный чай, к которому обычно подают что-нибудь сладкое. Это, на наш взгляд, одна из причин, по которой упаковки и названия российских кондитерских изделий являются более разнообразными.

Рассмотрение русской и китайской кондитерской промышленности показывает, что существуют различия между объёмами производства и традициями потребления кондитерских изделий в России и Китае. При этом виды кондитерских продуктов, попадающих под понятие "кондитерсое изделие", совпадают, что позволяет их рассматривать как единый объект номинации.

Таким образом, под объектом номинации в кондитерской промышленности мы понимаем вид сахаристого (карамель, ирис, пастила, мармелад, халва, шоколад, разные виды конфет: сливочные конфеты, конфеты из желатина, жевательные резинки, охлаждающие конфеты в форме таблетки, конфеты в виде жидкости) или мучного (печенье, пряники, вафли, кексы, пирожные, торты, лунные пряники) кондитерского изделия, созданного в соответствии с глобальными тенденциями, а также со вкусами и национальными традициями русских и китайских потребителей, имеющего упаковку и постоянное название. Несмотря на серийность выпускаемой продукции данный объект номинации можно рассматривать как единичный, так как право на владение определённым видом кондитерской изделия индивидуализируется и императивно закрепляется в специальных законодательных актах.

2.3   Отношение *автор-адресат*

2.3.1   Автор и адресат как главные составные компоненты речевого акта

Изучение прагматонимов перспективно в аспекте соци-

ального взаимодействия, т.е. с точки зрения целевых, стратегических, тактических и формальных параметров знаково-вер-
бальной деятельности человека, создающего наименования
товаров. В этой связи особый интерес представляет теория
речевых актов, основы которой были заложены английским
логиком Дж. Остином в 1962 г. в книге *How to Do Things with
Words*, и получили развитие теории в трудах многих учёных [А.
Вежбицкая 1985, Дж. Р. Сёрль 1986, В.В. Богданов 1990, М.Ю.
Федосюк 1997 и др.]. Остановимся на некоторых положениях
данной теории, актуальных для дальнейшего исследования
прагматонимов.

Главная идея теории речевых актов сводится к тому, что,
произнося предложение в ситуации общения, говорящий совер-
шает некоторое действие, а точнее некоторые действия: приводит в движение артикуляционный аппарат, соотносит имена с
предметами действительности, приписывает этим предметом
те или иные признаки, сообщает что-то собеседнику, запраши-
вает у него какую-либо информацию, обещает или приказывает
ему что-то делать или не делать и т.д..

Речевой акт, как считает А.К. Михальская [1998] – это
фундаментальное понятие лингвопрагматики и риторики. Оно
отражает акт выбора человеком речевых средств, необходимых
для осуществления его коммуникативных намерений (интенций). По Ван Дейку [1989], речевой акт как единица норма-
тивного социоречевого поведения рассматривается в рамках

прагматического контекста, который является теоретической и когнитивной абстракцией разнообразных физико-биологических и прочих ситуаций. В прагматическом контексте общие знания о мире, которыми располагают участники интеракции, аспектуализируются и тематизируются применительно к речевой ситуации, к её главным компонентам: где? с кем? о чём? по какому поводу? Прагматический контекст может быть структурирован как социальный в терминах социального взаимодействия.

Участниками речевого акта, как пишет Н.Д. Арутюнова [1990], являются говорящий и адресат, которые выступают как носители определённых, согласованных между собой ролей и функций. Участники речевого акта обладают фондом общих речевых навыков (речевой компетенцией), знаний и представлений о мире. В состав речевого акта входят обстановка речи и тот фрагмент действительности, которого касается его содержание [Арутюнова, 1990].

Речевой акт состоит из локутивного акта, иллокутивного акта, перлокутивного акта.

Локутивный акт складывается из акта высказывания и пропозиционального акта, включающего в себя референцию и предикацию.

Иллокутивный акт представляет собой совмещение целеполагания с выражением пропозиционального содержания высказывания. Как замечает Дж. Сёрль [1986], сущность ил-

локутивного акта отражается в высказывании как его иллокутивная сила (или иллокутивная функция), которая включает в
себя в качестве составляющих её компонентов иллокутивную
цель, способ достижения цели, интенсивность иллокутивной
силы, предварительные условия, условия пропозиционального
содержания, а также условия эффективности и успешности,
определяемые правилами социального поведения. Существуют
индикаторы иллокутивной силы: ударения, интонация, накло-
нения глагола, порядок слов, перформативные глаголы и пр.,
которые указывают на то, как должна пониматься пропозиция в
высказывании.

Перлокутивный акт выражает результат, достигаемый
адресантом при речевом воздействии на адресата (то есть при
речевом воздействии адресанта на мысли, чувства и действия
адресата).

Дж. Р. Серль предложил следующие базисные типы иллокутивных актов: репрезентативы (информативные речевые
акты), директивы (акты побуждения), комиссивы (акты приня-
тия обязательств), экспрессивы (акты, выражающие эмоциональное состояние) и декларации (акты-установления) [Сёрль,
1986, с.170].

Как отмечалось ранее, изучая процессы искусственной
ономастической номинации, современные исследователи определяют речевой акт присвоения названия как акт-установление
декларативного типа, как сообщение, эквивалентное поступку,

результатом которого является императивное закрепление имени за объектом [Голомидова 1998, Крюкова 2004]. В структуре данного речевого акта вполне закономерно выделение именующего субъекта и адресата с их характеристиками, значимыми для ситуации называния, которая является одной из разновидностей коммуникативной ситуации.

Главными составными компонентами любого речевого акта являются адресант и адресат. Адресата как второго участника коммуникации в разных теориях речевой деятельности называют по-разному: получатель речи, рецептор, интерпретатор, слушающий, аудитория, декодирующий, собеседник. Н.Д. Арутюнова, использует термин «адресат», подчёркивая сознательную направленность речевого высказывания к лицу (конкретному или неконкретному), которое может быть определённым образом охарактеризовано, причём "коммуникативное намерение автора речи должно согласовываться с этой его характеристикой" [Арутюнова, 1981, с. 358]. Удовлетворение пресуппозиции адресата является одним из важных условий в принципе любого речевого акта.

Сказанное выше вполне применимо к процессу создания прагматонимов. Не случайно на учёт особенностей адресата при создании прагматонима обращается внимание в российских и китайских исследованиях, выполненных в последние годы.

Рассматривая мотивированность современной коммерческой номинации с точки зрения потенциального потребителя, М.Е. Новичихина приходит к выводу, что "результаты предпочтительности того или иного коммерческого наименования в разных возрастных, социальных группах согласуются с принципом актуализации потребностей более высоких уровней по мере удовлетворения потребностей более низких уровней" [Новичихина, 2003, c.155].

О.Е. Яковлева считает, что в связи с некоторыми социальными факторами при номинации продуктов питания необходимо учитывать адресата, в частности его уровень владения конкретным иностранным языком. Например, на молодое поколение рассчитаны русские товарные знаки, которые в соответствии с языковой модой образованы от иностранных слов (мороженое "*Ля Фам*", десерты "*Мон ами*", сок "*Gutta*", чай "*Tea Break*") [Яковлева, 2006, c. 13].

В монографии «Язык товарных знаков» китайские лингвисты У Ханьцзян и Цао Вэй также отмечают, что при создании прагматонимов необходимо учитывать фактор адресата – его пол, возраст и социальное положение. Авторы приводят ряд примеров, подтверждающих это положение: указание на пол адресата (мужчину или женщину) – энергетический напиток "健力宝" (Атлетизм), средство для ухода за кожей "玉兰" (Нефритовая орхидея); на возраст адресата – детские молочные продукты "娃哈哈" (Ребенок смеётся); на социальное положение – кисти, ручки, карандаши "文士" (Обращение к любознательному человеку) и под. [У Ханьцзян, Цао Вэй, 2005, с. 91–94].

Однако более точные данные могут быть получены при анализе материала, относящегося к конкретному виду продукции, созданной в разных странах.

По нашим наблюдениям, наиболее показательны в этом отношении номинации кондитерских изделий, в которых чётко прослеживаются номинативные интенции именующего субъекта. Проанализировав 1850 китайских названий и 1850 русских названий кондитерских продуктов, мы условно разделили их на две группы – отобъектные и отадресатные [см. аналогичные подходы к классификации имён собственных: И.В. Крюкова 2004, М.Э. Рут 2008].

2.3.2   Отобъектные названия

Отобъектное название – это результат речевого акта, иллокутивной функцией которого является сообщение сведений об объекте – конкретных сведений о кондитерских изделиях. При этом именующий субъект ориентируется на устоявшиеся языковые традиции, при создании названия затрачивает минимум номинативных усилий.

В основу большинства подобных названий положен идентифицирующий принцип номинации, т.е. отобъектные прагматонимы указывают на такие признаки номинативной ситуации, как место производства или свойства продукта (состав, форму и качество). Такие названия представлены как среди русских, так и среди китайских названий кондитерских изделий.

1.1   В собранном нами материале для указания на место производства часто используются:

● топонимы, обозначающие город, регион, провинцию, в которых расположена кондитерская фабрика: китайские названия кондитерских изделий – карамель *“鼓浪屿”* (Гуланюй – название острова), *“齐云山”* (Циюньшань – название горы), *“四川”* (Сычуань – название провинции), конфеты *“琼岛牌”* (Цюндао – сокращенное название провинции Хайнань), халва *“北京酥”* (Пекин – название столицы Китая), русские названия изделий – конфеты *“Волгоград”*, *“Ленинград”*, *“Москва”*, *“Замоскворечье”*;

● оттопонимические прилагательные: китайские названия кондитерских продуктов – халва *“云南十八怪”* (юньнанские), *“扬州牛皮糖”* (янчжоуские), *“杭州上奇一川”* (ханчжоуские), карамель *“番禺姜糖”* (паньюйские), пирожные *“台湾特浓起士饼”* (тайвайские), русские названия конфет – конфеты *“Волгоградские”*, *“Кремлёвские”*, *“Российские”*, *“Воронежские”*, вафли *“Саранские”*;

● атрибутивные словосочетания с топонимом: конфеты *“Вечерняя Самара”*, *“Старый Арбат”*, *“Вечерние Чебоксары”*, *“Мордовия моя”*.

Последняя группа прагматонимов в китайском материале практически не представлена.

1.2   Для указания на состав и форму продукта используются:

1) онимизированные существительные: русские и китайские названия кондитерских изделий, указывающие на состав продукта – конфеты халва "椰子酥" (кокос), карамель "核桃饴" (орех), помадка "香蕉软糖" (ананас), карамель "Вишня", "Яблоко", "Персик", помадка "Киви", конфеты "Какао-крем"; русские и китайские названия, указывающие на форму продукта: халва "大虾酥" (омар), "比萨糖果" (пицца), леденцы "手链糖" (браслет), мармелад "Динозавр", конфеты "Сендвич";

2) онимизированные прилагательные: русские и китайские названия кондитерских продуктов, указывающие на состав продукта – помадки "蜜饯软糖" (засахаренные), конфеты "奶糖" (молочные), карамель "薄荷口味" (мятная), конфеты "Ликёрные", "Клубничные", "Ананасные", миниторт "Йогуртовый"; русские и китайские названия кондитерских изделий, указывающие на форму изделия – халва "玉米酥糖" (кукурузная), "花生酥糖" (арахисовая), зефир в шоколаде "Лимонный";

3) атрибутивные словосочетания: русские и китайские названия кондитерской продукции, указывающие на состав продукта – халва "香脆芝麻酥" (Хрустящий кунжут), карамель "天然香蕉糖" (Натуральный банан), "青苹果" (Зелёное яблоко), конфеты "奶油咸味" (Солёные сливки), "鲜橙" (Свежий апельсин), конфеты "Апельсиновый ликёр", "Чёрная смородина", "Чернослив в шоколаде", "Клубника со сливками", вафли "Кофейный аромат"; русские и китайские названия кондитерских

изделий, указывающие на форму изделия – шоколад "*彩色贝壳*" (Цветная раковина), шоколад "*Осений букет*".

1.3   Для указания на высокое качество продуктов используются:

1) онимизированные существительные и прилагательные с общим значением превосходного свойства: китайские названия кондитерских продуктов – конфеты "*顶呱呱*" (Самые лучшие), фруктовое желе "*极品*" (Люкс), русские названия – конфеты "*Люкс*", "*Экстра*", карамель "*Супермолочная*";

2) атрибутивные словосочетания: китайские названия кондитерских изделий – карамель "*有滋味*" (Лучший вкус), "*真味*" (Настоящий вкус), конфеты "*精品*" (Прекрасные вещи), русские названия – шоколад "*Экстра с молоком*".

К последней подгруппе также относятся названия со словом "золотой", традиционно использующимся в обоих языках для обозначения высокого качества чего-либо. Например, китайские названия кондитерских изделий – лунные пряники "*金装典藏*" (Золотая классика), леденцы "*金牌*" (Золотая марка), конфеты "*金咖啡*" (Золотой кофе), русские названия кондитерских изделий – конфеты "*Золотая серия*", "*Золото России*", шоколад "*Золотые шоколадки*".

К этой группе примыкают названия, образованные от номинаций эмоций, которые должны вызать у потребителя определённые марки кондитерских изделий. Однако они занимают промежуточное положение между отобъектными и отадресатными названиями. Например, русские названия конфет *"Восторг"*, *"Вдохновение"*, *"Искушение"*, китайские названия фруктового желе *"激情"* (Страсть), карамель *"笑咪咪"* (Улыбка), леденцы *"舒心凉"* (Приятная прохлада).

Сопоставительные количественные данные по рассмотренным группам отобъектных названий представлены в следующей таблице (за 100% принимаются все отобъектные названия).

Таблица 1   **Структурно-семантические группы отобъектных названий**

Тематическая группа	Структурный тип	Русские прагматонимы		Китайские прагматонимы	
		Примеры	%	Примеры	%
Место производства продукта	Топонимы	конфеты *"Волгоград"*, *"Ленинград"*,	3	карамель *"鼓浪屿"* ((Гуланюй), *"齐云山"* (Циюньшань)	3
	Оттопонимические прилагательные	конфеты *"Волгоградские"*, *"Воронежские"*,	4	халва *"扬州牛皮糖"* (янчжоуские), пирожные *"台湾特浓起士饼"*(тайвайские)	2
	Атрибутивные словосочетания с топонимами	конфеты *"Вечерняя Самара"*, *"Мордовия моя"*	5	—	—
Состав и форма продукта	Онимизированные существительные	Состав продукта: карамель *"Вишня"*, *"Яблоко"* Форма продукта: Мармелад *"Динозавр"*	7	Состав продукта: карамель *"核桃饴"* (орех), форма продукта: халва *"比萨糖果"* (пицца)	19

(Contd.)

Тематическая группа	Структурный тип	Русские прагматонимы		Китайские прагматонимы	
		Примеры	%	Примеры	%
Состав и форма продукта	Онимизированные прилагательные	Состав продукта: коныеты *"Ликёрные"*, *"Ананасные"* Форма продукта: Зефир в шоколаде *"Лимонный"*	20	Состав продукта: помадки *"蜜饯软糖"* (засахаренные), карамель *"薄荷口味"* (мятная) Форма продукта: халва *"玉米酥糖"* (кукурузная)	10
	Атрибутивные словосочетания	Состав продукта: конфеты *"Чёрная смородина"*, вафли *"Кофейный аромат"*. Форма изделия: шоколад *"Осений букет"*	50	Состав продукта: карамель *"青苹果"* (зелёное яблоко), халва *"香脆芝麻酥"* (хрустящий кунжут) Форма изделия: шоколад *"彩色贝壳"* (цветная раковина)	52
Качество продукта	Онимизированные существительные и прилагательные	конфеты *"Люкс"*, *"Экстра"*,	3	фруктовое желе *"极品"* (люкс), конфеты *"顶呱呱"* (самые лучшие)	4
	Атрибутивные словосочетания	шоколад *"Экстра с молоком"*, *"Золотые шоколадки"*.	8	карамель *"有滋味"* (лучший вкус), *"真味"* (настоящий вкус), леденцы *"金牌"* (золотая марка)	10

Из таблицы видно, что при совпадении структурно-семантических групп отобъектных названий кондитерских изделий наблюдаются расхождения в их количественной представленности. Прагматонимы, относящиеся к тематическим группам "качество продукта" и "состав продукта", достаточно широко представлены в китайском материале, а прагматонимы, указающие на место производства, чаще встречаются в русском материале. Это явление объясняется тем, что при создании названий кондитерских продуктов русские и китайские создатели имеют различные номинативные предпочтения – ориентация на топографический принцип является значимой для русских именующих субъектов, а внимание к тем или иным свойствам кондитерских изделий – для китайских именующих субъектов.

2.3.3   Отадресатные названия

В последние годы в связи с развитием рекламных технологий увеличивается количество отадресатных названий. Данные названия – это результат речевого акта, иллокутивной функцией которого служит привлечение внимания адресата. Именующий субъект, использующий как традиционные, так и нетрадиционные языковые средства, ориентирован на установление эмоционального контакта с адресатом. Как отмечает И.В. Крюкова, отадресатные названия являются самым распространённым типом в области коммерческой номинации. Например, сок "*Я*", "*Моя семья*", мебельная фирма "*12 стульев*", телепередача "*Окно в Европу*" и т.д. [Крюкова, 2004, с. 100–106]. Собранный нами материал полностью подтверждает это положение. В нашем материале 79% китайских и 82% русских прагматонимов относятся к отадресатным названиям.

Как показал прагмалингвистический анализ материала, важными характеристиками адресата, отраженными в назва-

ниях кондитерских изделий, являются возраст и национально-культурные особенности потенциальных потребителей кондитерской продукции. Однако эти характеристики по-разному
представлены в русском и китайском материале, как в количественном, так и в качественном отношении.

2.3.3.1 Учёт возраста адресата

1. Традиционно сладости предназначены **для детей.** Во
всех странах и во все времена детей угощали сладостями, не
случайно А.В. Павловская отмечает, что "дело не только в
стремлении побаловать своё чадо, возможно, детский орга-
низм нуждается в сладком больше, чем взрослый" [Павловская,
2009, с. 56]. Среди русских и китайских названий кондитерских
продуктов нередко встречаются такие прагматонимы, которые
содержат компонент "孩子" (дети). При создании таких названий используются:

● номинации детей: китайские названия – конфеты "孩
子宝" (Дети – это сокровища), "好仔棒" (Хороший ребёнок),
леденцы "女娃娃" (Девочка), леденцы "男娃娃" (Мальчик),
карамель "娃娃糖果" (Дитя), халва "小孩酥" (Ребёнок), "清嘴
小子" (Мальчик Цинцзуй), русские названия – конфеты "Детские", "Детям", "Весёлые ребята", вафли "Малышка", печенье
"Весёлые человечки". Сюда же относятся названия- характеристики ребёнка (конфеты "Первоклассница", "Забияка", пряник
"Кроха"), и названия, содержащие традиционные обращения к
маленьким детям (конфеты "Моя лапуля", мармелад "Муси-пу-

си", "Пупсик");

● имена сказочных персонажей, в том числе героев известных мультфильмов: китайские названия – леденцы *"蜡笔小新糖果"* (Сяо Синь – герой мультфильма), *"面包超人水果糖"* (Супермен из хлеба), *"红猫蓝兔"* (Красная кошка и синий кролик), *"史奴比"* (Snoopy), русские названия – конфеты *"Кот в сапогах"*, *"Незнайка"*, пирожное *"Дюймовочка"*, торт *"Три поросенка"*;

● номинации животных, в том числе звукоподражательные слова. Например, китайские названия – конфеты *"胖小虎"* (Толстый тигрёнок), *"喔喔"* (Кукареку), карамель *"金丝猴"* (Золотистая обезьяна), леденцы *"彩色蝴蝶"* (Разноцветная бабочка), *"小蜜蜂"* (Пчёлка), русские названия – конфеты *"Мишка косолапый"*, *"Мишка на севере"*, *"Птица дивная"*, *"Журавлёнок"*, *"Белочка"*, карамель *"Кис-кис"*, *"Цып-цып"*, *"Му-му"*.

Очевидно, что при создании названий кондитерских изделий используют имена героев мультфильмов, имена животных, чтобы привлечь внимание детей и их родителей;

● популярные личные имена в полной или деминутивной форме. Эта группа представлена только русскими антропонимами, преимущественно женскими: конфеты *"Олюшка"*, *"Анастасия"*, шоколад *"Алёнка"*, мармелад *"Настенька"*. По данным А.А. Леонтьевой, на протяжении достаточно длительного времени эти имена являются наиболее частотными среди русских детей [http://www.rostmuseum.ru/publication/srm/014/

leontieva01.html].

Однако, по нашим наблюдениям, детям предназначается только часть китайских и русских кондитерских изделий.

2. В ходе исследования были отмечены названия, которые предназначены **для взрослых**. Такие названия представлены и в китайском, и в русском материале.

Мы разделяем такие китайские названия на две группы: названия, предназначенные для молодого поколения, и названия, предназначенные для старшего поколения:

● названия, предназначенные для молодого поколения, для создания которых используются номинации, ориентированные на любовные отношения: леденцы "无限珍爱" (Безграничная драгоценная любовь), "爱在一起" (Вместе любить), "爱你" (Люблю тебя), "甜心" (сладкое сердечко), "*Love-kiss*";

● названия, предназначенные для старшего поколения, для создания которых используются номинации, ориентированные на семейный уют, а также названия-пожелания: конфеты "家圆事圆" (Счастья в семье, удачи в работе), "合家欢" (Весёлая семья), шоколад "喜临门" (Радость приходит), халва "龙凤呈祥" (Дракон и феникс приносят счастье), "吉祥如意" (Благополучие);

● имена-адресативы. Здесь мы имеем дело с обращением к взрослому человеку. Например, китайские названия – конфеты "小兄弟" (Маленький брат – обращение старшего мужчины к младшему по возрасту).

Таким образом, можно сказать, что в Китае именно взрослые рассматриваются как потенциальный адресат кондитерской продукции.

В русском материале, по нашим данным, в группе названий кондитерских изделий, ориентированных на взрослых нет чёткой границы, отделяющей названия изделий, ориентированных на молодых от названий изделий, ориентированных на старших. Выделяется лишь небольшая группа названий, адресованых преимущественно любимым женщинам (конфеты "*Для тебя*", "*Я люблю тебя*", "*Я и ты*", "*Букет любви*", "*Чародейка*", "*Кокетка*"), в том числе номинации женщин, косвенно указывающие на место производства (конфеты "*Сибирячка*", печенье "*Кубаночка*") и даже на кондитерскую фабрику (конфеты "*Конфилочка*" – от Волгоградской фабрики «Конфил»).

2.3.3.2   Учёт национально-культурных особенностей адресата

Тенденцией развития современной экономики является соединение культуры и товаров, т.е. в названиях товаров содержатся культурные (национальные) элементы. Словесные товарные знаки актуальны для лингвокультурологического исследования, так как они помогают выявить не только универсальные, но и специфические национально-культурные образы.

Для выявления универсальных и специфических национально-культурных образов, содержащихся в словесных товарных знаках, нужно рассмотреть такие понятия, как "культурный фон", "фоновые знания", "лингвокультурема".

Культурный фон, как пишет В.А. Маслова, это характеристика номинативных единиц (слов и фразеологизмов), обозначающих явления социальной жизни и исторические события – *пропал как швед под Полтавой, краснокоричневые (о национал-патриотах России)* [Маслова, 2004, с. 48].

Фоновые знания – это знания, присутствующие в сознании человека и той общности людей, к которой данный индивид принадлежит [Верещагин, Костомаров, 1983, с. 57]. Термин "фоновые знания" сложился в русле лингвострановедческой проблематики, сопряженной с задачами использования лексики в показе национальной культуры, обслуживаемой изучаемым языком [Верещагин, Костомаров, 1980, с. 25–26].

По мнению А.Т. Хроленко [2005], "фоновые знания позволяют правильно интерпретировать не только эксплицитно выраженный, но и имплицитный смысл высказывания. Значительная часть переводческих ошибок проистекает от дефицита фоновых знаний" [Там же. с. 17].

В последнее время этот термин применяется не только в связи с задачами перевода или изучения иностранного языка, но и применительно к исследованию рекламы, имеющей национальную специфику. [см. например, работу У.А. Уваровой «Фоновые знания в рекламе», 2002].

Под термином "лингвокультурема" понимается комплексная межуровневая единица, которая представляет собой диалектическое единство лингвистического и экстралингвистического (понятийного или предметного) содержания [Воробьёв, 2008, с. 45]. В понимании В.В. Воробьёва, в отличие от слова и лексико-семантического варианта (ЛСВ) как собственно языковых единиц лингвокультурема по своей сути глубже их, так как она не только соотносится с референтом (денотатом), но и раскрывает его содержание как понятие (класса предметов). Лингвокультурема может быть представлена одним словом, словосочетанием, абзацем (или несколькими абзацами), а также целым текстом [Там же. с. 45–56].

Итак, рассмотренные понятия служат основой для сопоставления русской и китайской лингвокультурной специфики в названиях кондитерских изделий.

Ввиду значительного несовпадения национально-культурных особенностей в русском и китайском материале рассмотрим тематические группы китайских и русских прагматонимов по отдельности.

1. Номинации, связанные с древней историей Китая. В этой группе при создании китайских прагматонимов зачастую используется лексика, связанная с императором или членами императорской семьи. Чтобы правильно понимать такие номинации, необходимо обладать фоновыми знаниями о социальном положении императора и императорской семьи.

В Древнем Китае император и его семья занимали самое высокое социальное положение, особенно сам император. Он обладал безграничной властью, и называл себя "сыном неба". Ему подчинялись не только китайцы, но и население соседних стран. Каждый год эти страны должны были преподносить императору дары. Особенно тогда, когда у императора день рождения, или когда в императорском дворце отмечали каки-е-то праздники министры и главы соседних стран несли бес-ценные подарки [http://baike.baidu.com/view/48303.htm].

С древних времен у китайцев существует представление о том, что вещи, связанные с императором, его семьей или импе-раторским дворцом, очень качественные. Поэтому в настоящее время в Китае в названиях товаров часто используется лексика, связанная с императором и его дворцом. Например, халва "东方皇城" (Восточный императорский дворец), "皇城酥" (Импе-раторский дворец), конфеты "皇礼" (Императорский подарок), "皇龙" (Императорский дракон).

В китайских прагматонимах мы часто встречаемся с име-нами, которые имеют прямое отношение к жёнам императора. Например, халва "贵妃酥" (почётное звание второй жены им-ператора), шоколад "妃子笑" (улыбка второй жены императо-ра), конфеты "皇妃" (вторая жена императора). Для понимания этих названий необходимо знать иерархию жён императора. В Древнем Китае император мог иметь несколько жён. В разные времена существовали разные иерархии жён императора. Офи-циальная жена императора – это императрица 皇后 (Huanghou). По иерархии, вторая жена называется 妃(Fei). В истории Китая не все императоры имеют много вторых жён, т.е. 妃子(Feizi). Однако, несмотря на различные иерархии, жёны императора всегда имеют свои звания и должности. Иногда их должности приравнивались к министрам. Стоит отметить, что в Древнем Китае дракон символизирует императора, феникс – жён императора (обычно официальную и вторую жену) [http://zhidao. baidu.com/question/9735559.html]. Соответственно, названия конфет "皇龙" (Императорский дракон) и "凤凰" (Феникс) обладают особым культурным фоном и соотносятся в языковом сознании носителей китайской лингвокультуры с императорской семьи.

Кроме того, при создании названий китайских кондитерских изделий используются имена исторических личностей. Например, название конфет "小乔" (Маленькая Цяо – жена Чжоу Юя, который был маршалом царства У в период Троецарствия), название халвы "墨子" (Мо Цзы – древнекитайский идеолог, педагог, основоположник учения моцзя. Центральной идеей его учения является всеобщая любовь).

2. Номинации, посвящённые традиционным торжественным событиям.

Довольно часто встречаются такие китайские названия, которые указывают на предназначение кондитерских изделий. Существует целая серия кондитерских продуктов, предназначенных для свадьбы.

При обсуждении дальнейшего развития китайской кондитерской промышленности Чжу Даньпэн и Ма Юн отмечают, что надо создать отдельные товарные марки для серии конфет, предназначенных для свадьбы, так как кондитерский рынок для свадьбы в Китае является потенциально перспективным (на эту особенность указывается также в предыдущем разделе 2.2.).

По нашим данным, названия кондитерских изделий для свадьбы становятся разнообразными: для создания названий таких кондитерских изделий используются не только слова-пожелания, но и описание артефактов, которые связываются со свадьбой. Эта группа разнообразна в структурном отношении – от отдельных слов до целых предложений. Например, конфеты "百年好合" (Вечное счастье), "龙凤呈祥" (Там, где одновременно появляются дракон и феникс, царит счастье), леденцы "同心结" (Узел единодушия), "缘" (Судьба), шоколад "花轿喜糖" (Свадебный паланкин). Свадьба – это самое важное торжественное событие в жизни китайцев. По старой традиции на свадьбе преобладает красный цвет: в Китае считают, что красный цвет приносит счастье, радость, имеет магическое свойство, защищает людей от злых духов. Вещи для новобрачных должны быть парными.

Выделяется также группа новогодних названий кондитерских изделий. Например, халва "贺年" (Поздравить с Новым годом), "恭喜发财" (Обогащение), конфеты "新年爆竹" (Новогодние хлопушки), "事事如意" (Благополучие), "万事如意" (Исполнение всех желаний), "合家欢" (Весёлая семья) (в Китае

Новый год празднуют только семьей), *"灶糖"* (Конфета для бога кухни). Для адекватного восприятия номинативных интенций именующего субъекта необходимы фоновые знания. Например, последнее название связано с традицией "Маленький новый год" – 23 декабря по лунному календарю. В этот день надо принести жертву богу кухни. По старой легенде целый год бог кухни заведует кухнями на земле, только 23 декабря он возвращается в небесный дворец, докладывает обстановку по кухне на земле небесному царю. Чтобы бог кухни говорил только о хорошем, люди приносят ему солодовый сахар – 灶糖.

Выделяются также обладающие культурным фоном названия, относящиеся к празднику Луны. Например, лунные пряники *"秋月共赏"* (Вместе любоваться осенней луной), *"湖心月影"* (Отражение луны в середине озера), *"宫廷月"* (Императорская луна), *"金秋雅月"* (Золотая осень и красивая луна). Чтобы понять эти названия, нужны определённые фоновые знания о празднике Луны. После Нового года праздник Луны в Китае является вторым важным праздником. Он отмечается 15 августа по лунному календарю, поэтому он ещё называется праздником Середины осени. Не случайно указанные выше названия связаны с осенью и луной.

3. Номинации, связанные с кинематографом и шоу-бизнесом. В этой группе при создании названий кондитерских продуктов употребляются:

● названия, имеющие отношение к телевидению телепередач и телесериалов – шоколад *"玫瑰之约"* (Розовая встреча – телесериал), *"一帘幽梦"* (Тихий сон – телепередача), конфеты *"家有喜事"* (Дома есть радостное событие – телесериал);

● названия, имеющие отношение к кинематографу – конфеты *"六小龄童皇冠牛扎糖"* (Лю Сяолинтоун – известный киноактёр), леденцы *"月光宝盒"* (Драгоценная шкатулка с лунным светом – название фильма), леденцы *"刘老根"* (Лю Лаогэнь – имя героя популярного фильма), карамель *"嘎子糖"* (Га Цзы – имя героя популярного фильма);

● названия современных песен – конфеты *"东北人"* (Северо-восточный человек), *"老鼠爱大米"* (Мышь любит рис), и название музыкальной группы – мармелад *"小虎队"* (Маленький тигр).

4. Номинации, характеризующие особенности ландшафта, явления природы, времена года. В эту тематическую группу входят ещё и названия цветов и деревьев. Например, карамель *"梅林"* (Абрикосовый лес), *"瀑布"* (Водопад), *"含羞草"* (Стыдливая мимоза), *"春"* (Весна), *"四洲"* (Четыре материка), *"彩虹糖"* (Радуга), *"一线天"* (Линия неба) – интересное природное явление в Китае: сквозь щель скалы виднеется небо, и оно становится одной линией.

Группа прагматонимов, связанных с искусством (литературой, живописью, музыкой), в китайском материале практически не представлена. Есть лишь единичные примеры: 1) название лунных пряников *"花好月圆"* (Красивые цветы и круглая луна) – прагматоним образован от древнего китайского стихотворного жанра «Синсянцы·Бехэнь» Чао Дуаньли (1046-1113), 2) название конфет "孔乙己" (Кун Ицзи) – прагматоним, образованный от имени героя рассказа «Кун Ицзи» из сборника рассказов «К оружию» известного китайского писателя Лу Сюня.

Русские прагматонимы, ярко отражающие русскую культуру, в большей степени проявляются в именах, связанных с искусством и фольклором. Выделяются следующие группы прагматонимов данного типа:

1) номинации, относящиеся к музыке и театру. Для создания таких названий используются:

• названия, относящиеся к тематической группе "театр" – карамель *"Театральная"*, конфеты *"Премьера"*, *"Балет"*, *"Дуэт"*, *"Бенефис"*;

• названия, обозначающие жанры музыкальных произведений, специальные музыкальные термины и виды танцев – конфеты *"Рапсодия"*, *"Серенада"*, *"Баркарола"*, торты *"Адажио"*, *"Баядера"*, *"Вечерний вальс"*, конфеты *"Анданте"*, *"Лунный блюз"*, печенье *"Полька"*.

2) номинации, образованные от названий литературных произведений или имён героев произведений. Можно сказать, что в жизни русских литературные произведения играли и играют важную роль, являются незаменимой духовной поддержкой. При создании русских названий кондитерских изде-

лий используются названия, связанные с классическими литературными произведениями, как русскими, так и зарубежными: конфеты "*Гранатовый браслет*" – название повести А. Курина, конфеты "*Гулливер*" – имя главного героя сатирического произведения английского писателя Джонатана Свифта "Гулливер в стране лилипутов", конфеты "*Буревестник*", "*Данко*" – название и имя одного из героев романтических произведений М. Горького, конфеты "*Три мушкетера*" – название знаменитого романа французского писателя Александра Дюма-отца, шоколад "*Аксинья*", конфеты "*Нахалёнок*" – герой произведений М.А. Шолохова.

К этой тематической группе относятся названия и имена героев авторских сказок: конфеты "*Кот в сапогах*", "*Красная шапочка*", "*Белоснежка*", "*Бемби*", ирис "*Золотой ключик*", "*Буратино*", шоколад "*Конек-Горбунок*", печенье "*Белоснежка*", а также серии шоколада с общим названием "*Басни Крылова*", "*Сказки Пушкина*".

3) номинации, относящиеся к фольклору. Названия этой группы связаны с творчеством народа, отражают его жизнь, восприятие, идеалы. Например, названия, которые связываются с народными сказками: шоколад "*Дед мороз*", конфеты "*Шкатулка русалки*", "*Масляна головушка*", "*Петушок-золотой гребешок*", "*Петрушка*", "*Сказочная страна*", набор конфет "*Снежный замок*", халва "*Али-баба*" (*восточная народная сказка*), печенье "*Тридевятое царство*" (*иная, далёкая, чужая,*

волшебная страна).

В последних двух тематических группах удачно сочетаются сразу две характеристики – учёт возраста и национально-культурных особенностей адресата, что говорит о некоторой условности проведённого разделения. Оно сделано нами в исследовательских целях исключительно для удобства анализа.

4) номинации, связанные с праздниками, в русском материале почти не представлены. Встречаются лишь единичные примеры: конфеты *"Масленица"*, *"Рождество"*.

5) номинации, относящиеся к тематической группе "природа и времена года", в том числе названия цветов и деревьев. Например, карамель *"Звёздный август"*, *"Ясный месяц"*, *"Солнечный луч"*, *"Мираж"*, *"Айсберг"*, суфле *"Метелица"*, пастила *"Весна"*, *"Утро"*, конфеты *"Ромашка"*, *"Маргаритка"*, *"Гвоздика"*, *"Азалия"*, *"Золотая нива"*, *"Родные просторы"*. Хотя названия данной группы прямо не указывают на национально-культурные особенности, они имеют патриотические коннотации и способны оказывать эмоциональное воздействие на носителей русской лингвокультуры.

6) номинации, характеризующие явления современной жизни: спорт (карамель *"Баскетбол"*, конфеты *"Спорт"*, *"Волейбол"*, *"Шахматы"*, *"Автогонки"*), космос (конфеты *"Орбита"*, *"Метеорит"*, *"След метеорита"*, *"Космические"*), авиация (карамель *"Взлётная"*, *"Пилот"*, *"Стюардесса"*, *"Аэрофлотский"*) и некоторые другие, созданные в советское время

и отражающие достижения в области науки и техники. Например, номинации, связанные с достижениями в области атомной энергетики (ирис "*Ледокол*", конфеты "*Радий*"). Некоторые из них переосмысливаются с течением времени и оцениваются потенциальным адресатом негативно, а значит, перестают выполнять рекламную функцию. Особенно многочисленны негативные реакции на название "*Радий*". Например: «*Чем руководствовались производители конфет «Радий», давая своему произведению столь странное имя, уму непостижимо. Кстати, радий открыли французские учёные Пьер и Мария Кюри в 1898 году и получили Нобелевскую премию. Этот металл довольно редок. За прошедшее с момента его открытия время в мире удалось добыть всего только 1,5 килограмма чистого радия. Он чрезвычайно токсичен, накапливается в костной ткани. Большие концентрации радия вызывают остеопороз, самопроизвольные переломы костей и злокачественные опухоли. Преждевременная смерть Марии Кюри произошла вследствие хронического отравления радием...*» [http://www.kp.ru/daily/24073/310666/].

Обозначим количественную представленность рассмотренных групп отадресатных названий в следующей таблице (за 100% принимаются все отадресатные названия). Поскольку у отадресатных названий не были обнаружены общие структурно-семантические признаки, данная таблица составлена без учёта структурно-семантических типов, которые будут отдельно рассмотрены в следующем разделе.

Таблица 2   Тематические группы отадресатных названий

Тематическая группа	Русские прагматонимы		Китайские прагматонимы	
	Примеры	%	Примеры	%
Дети	печенье *"Весёлые ребята"*, конфеты *"Первоклассница"*	4	конфеты *"好仔棒"* (хороший ребёнок), халва *"小孩酥"* (ребёнок)	6
Сказочные персонажи	конфеты *"Кот в сапогах"*, пирожное *"Дюймовочка"*	9	леденцы *"面包超人"* (супермен из хлеба), *"红猫蓝兔"* (красная кошка и синий кролик)	2
Животные	конфеты *"Птица дивная"*, *"Мишка на севере"*	22	конфеты *"胖小虎"* (толстый тигрёнок), карамель *"金丝猴"* (золотистая обезьяна)	17
Популярные личные имена	шоколад *"Алёнка"*, мармелад *"Настенька"*	4	—	
Любовные отношения	конфеты *"Для тебя"*, *"Я люблю тебя"*	5	леденцы *"无限珍爱"* (безграничная драгоценная любовь), шоколад *"甜心"* (сладкое сердечко)	23
Семейные ценности	—	—	конфеты *"家圆事圆"* (Счастья в семье, удачи в работе), *"合家欢"* (весёлая семья)	9
Древняя история	—	—	халва *"皇城酥"* (императорский дворец), шоколад *"妃子笑"* (улыбка второй жены императора), *"墨子"* (Мо Цзы)	4

(Contd.)

Тематическая группа	Русские прагматонимы		Китайские прагматонимы	
	Примеры	%	Примеры	%
Праздники	конфеты "Масленица", "Рождество"	1	шоколад "*花轿喜糖*" (свадебный паланкин), конфеты "*新年爆竹*" (новогодние хлопушки), лунные пряники "*秋月共赏*" (вместе любоваться осенней луной)	26
Кинематограф, шоу-бизнес	—	—	шоколад "*玫瑰之约*" (розовая встреча), конфеты "*家有喜事*" (Дома есть радостное событие), леденцы "*月光宝盒*" (драгоценная шкатулка с лунным светом), конфеты "*东北人*" (северо-восточный человек), "*老鼠爱大米*" (Мышь любит рис)	4
Музыка, театр	карамель "*Театральная*", печенье "*Рапсодия*"	11	—	—
Литература, фольклор	конфеты "*Гранатовый браслет*", ирис "*Золотой ключик*", печенье "*Тридевятое царство*"	8	—	—
Природа, времена года	конфеты "*Ромашка*", карамель "*Солнечный луч*", пастила "Весна"	27	конфеты "*春*" (весна) "*彩虹糖*" (радуга)	9
Явления современной жизни: спорт, космос, авиация	карамель "*Пилот*", вафли "*Автогонки*", карамель "*Баскетбол*"	9	—	—

Данная таблица демонстрирует возрастные и националь-но-культурные предпочтения именующих субъектов: китайские именующие субъекты в большей степени тяготеют к материальной культуре и народным традициям, а русские именующие субъекты тяготеют к духовной культуре, ориентируясь при этом преимущественно на адресата-ребёнка. Однако и в том, и в другом случаях названия кондитерских изделий ярко демонстрируют объекты и явления, ценностно значимые для русской и китайской лингвокультуры и формирующие фрагмент национальной языковой картины мира.

Приведённая классификация является условной, она проведена для фиксации основных направлений номинативной деятельности именующих субъектов, учитывающих определённые особенности адресата. Мы отдаём себе отчёт в том, что, во-первых, некоторые известные, но единичные названия не вошли в данную классификацию (например, название конфет *"Ну-ка, отними!"* – выпускаются более 100 лет, первоначально, дореволюционной фабрикой "Эйнемъ"); во-вторых, в одном и том же прагматониме могут проявляться разные признаки. Однако они не равны друг другу в стратегическом отношении. Так, в названии конфет *"Конфилочка"* нашли отражение отобъектный признак (место производства) и отадресатный (уменьшительно-ласкательное обозначение лица женского пола), при этом отъобъектный признак является основным. А в названии конфет *"Белочка"* – отадресатные признаки (уменьшительно-ласкательное обозначение животного) и отобъектные (косвенное указание на содержание орехов в составе продукта), при этом отадресатный признак является основным. Аналогичным китайским примером служит название "悦家金棒棒" (Золотая палочка семьи Юэ). В нём слово "悦家"(семья Юэ) ориентируется на производителя продукта, т.е. именующего субъекта, а слово "金棒棒" (золотая палочка) указывает на качество и форму изделия, при этом отобъектный признак является основным.

2.4 Лингвистические средства прагматизации русских и китайских названий кондитерских изделий

2.4.1 Понятие прагматического принципа

Исследование проблем функционирования единиц различных уровней в прагматическом аспекте позволяет говорить о прагматике в смысле коммуникативных свойств рассматриваемых единиц, т. к. любая лексическая единица создаётся как осуществление говорящим определённого коммуникативного намерения, определённой установки и направлена на цели общения [Горшунов, 1999]. Исследуя прагматику аббревиатуры, Ю.В. Горшунов вводит понятие прагматического принципа и рассматривает основные прагматические принципы порождения и употребления аббревиатур. По мнению автора, принцип экономии, принцип эмфазы, принцип эвфемизации (и различные формы их проявления) рассматриваются как прагматические принципы порождения аббревиатур, а принцип экономии, принцип эмфазы, принцип эвфемизации и табуирования, принцип аттрактивности – как принципы употребления аббревиатур [Там же.]. Можно сказать, что при создании названий предметов прагматические принципы используются для того, чтобы именующий субъект целенаправленно отбирал языковые единицы, которые обуславливают воздействующий потенциал номинации.

Рассматривая некоторые принципы, предложенные Ю.В. Горшуновым, О.В. Врублевская [2006] считает, что они также имеют место при создании таких искусственных имён собственных, как названия торжественных мероприятий. В работе О.В. Врублевской анализ русских и немецких названий торжественных мероприятий показывает, что к наиболее продуктивным прагматическим принципам относятся: принцип аффективности, принцип языковой игры, принцип эстетичности и принцип экономии.

Принцип аффективности реализуется при создании большинства названий торжественных мероприятий, он предполагает положительную эмоциональность и оценочность языкового знака. Например: *"Мисс малышка"* (конкурс фей-первоклашек). Названия, созданные по принципу аффективности, ориентируются на прецедентные явления и тексты определённой лингвокультуры, например: *"Оренбургский пуховый платок"* (Всероссийский фестиваль народного искусства).

Принцип языковой игры продиктован прагматической

потребностью самовыражения, установкой на языковую игру (обыгрывание формы) в таких её проявлениях, как шутка, ирония, каламбур, преувеличение и т.п., что делает его полифункциональным. Используя принцип языковой игры, субъект номинации реализует свою способность к словотворчеству. Например, *"Минифест"* (международный фестиваль театров).

Принцип эстетичности опирается на эстетические факторы фасцинации (аттрактивность формы), суггестивности (ассоциативную и образную суггестивность) и благозвучия. Создателей таких названий интересует в первую очередь звуковая организация названий. Например, *Лики любви* (кинофестиваль).

Принцип экономии продиктован прагматической потребностью рационализации материальной оболочки путём редукции формы, вытекающей из необходимости заменить неудобную, громоздкую или многокомпонентную единицу компактным дублирующим наименованием. Например, *Интермузей* (*Всероссийский фестиваль музеев*).

При создании одного названия, как замечает О.В. Врублевская, можно использовать несколько принципов. Например, при создании названия *"ВыЗов"* (*выставка-акция рисунков детей сирот, полное название "Выставка зовущих"*) одновременно используются принцип экономии и принцип языковой игры [Врублевская, 2006, с. 74–83].

Такой подход вполне применим к нашему материалу. Однако отметим, что не весь корпус проанализированных названий имеет ярко выраженную прагматическую направленность. Вслед за Н.В. Шимкевичем [2002] и О.В. Врублевской [2006], считаем возможным в некоторой степени условное разделение всех названий на прагматические и непрагматические.

Под последними понимаются названия, которые воздействуют на адресата логическим путём [Шимкевич, 2002, с. 11]. Например, в нашем материале к непрагматическим названиям будут относиться преимущественно отобъектные прагматонимы, которые без каких-либо дополнительных элементов, прямо характеризуют состав товара или место его производства: русские названия конфет “*Ананасные*”, “*Волгоградские*”, карамель “*Вишня*”, зефир “*Зефир в шоколаде*”, китайские названия – халва “椰子酥” (Кокос), помадка “蜜桃汁软糖” (Сок персика), конфеты “山楂饴” (Шаньчжэжа – название фрукт), конфеты “琼岛牌椰子糖” (Остров Цюн – место, где выращивает кокосы, идущие на производство конфет).

Под прагматическими подразумеваются названия, созданные с коннотативными компонентами, которые воздействуют на адресата путём внелогическим, т.е. через ассоциации и эмоции адресата [Там же. С. 11]. К прагматическим относятся, например, русские названия кондитерских изделий – конфеты “*Кот в сапогах*”, “*Родные просторы*”, “*Рождественская ёлка*”, “*Маскарад*”, “*Обыкновенное чудо*”, китайские названия – *помадки* “快乐熊系列软糖” (Весёлый медведь), имбирные конфеты “金竹林姜糖” (Золотая бамбуковая роща), конфеты “春”

(Весна), "*南国*" (Южная страна), "*翡翠糖*" (Изумруд). Исследуя русскую коммерческую эргонимию последнего десятилетия XX века с точки зрения наличия или отсутствия в эргонимах прагматики, Н.В. Шимкевич делает вывод о том, что "в истории развития коммерческой эргонимии прослеживается тенденция развития в сторону увеличения процентного отношения прагматических эргонимов к общей их массе" [Там же. С. 6]. Наш материал подтверждает данное положение.

По нашим наблюдениям, для анализа русских и китайских названий кондитерских изделий непрагматические и прагматические названия могут быть исследованы в двух направлениях: количественном и качественном.

Количественное отношение между непрагматическими и прагматическими названиями русской и китайской промышленности представлено в следующей таблице:

Таблица 3   Прагматические/непрагматические названия кондитерских изделий

	Русские прагматонимы (%)	Китайские прагматонимы (%)
Непрагматические	17	22
Прагматические	83	78

В качественном отношении прагматические названия кондитерских изделий весьма неоднородны, что определяет актуальность их анализа с точки зрения способов номинации.

Основными способами предметной номинации, по В.М. Лейчику, являются словообразовательные, семантические, синтаксические, фонетические и комплексные (или комбинированные) способы [Лейчик, 1982, с. 47–99]. Как указывалось в 1 главе, основываясь на данной классификации, И.В. Крюкова [2004], Т.П. Романова [2007] выделяют способы номинации рекламных имён: лексико-семантический, словообразовательный, лексико-синтаксический, фонетический и комплексный. Эти способы могут быть конкретизированы при прагмалингвистическом анализе определённого разряда рекламных имён, созданных в условиях конкретной номинативной ситуации.

Например, при анализе прагматических принципов, положенных в основу создания русских и немецких названий торжественных мероприятий, О.В. Врублевская выделяет следующие способы номинации:

● для реализации принципа аффективности используются: эмоционально-оценочная лексика с положительным семным набором (восторг, очарование и т.п.);

● средствами реализации принципа языковой игры являются семантические каламбуры (аллюзивные названия с двойной мотивацией) и фонетические каламбуры;

● для реализации принципа эстетичности употребляются разнообразные фонетические приёмы: аллитерация, рифма, звуковой символизм, а также некоторые паралингвистические средства (величина букв, их ширина, начертание, цвет и др.);

● при реализации принципа экономии используется словообразовательный способ, к нему относятся словосложение и разные типы аббревиатур [Врублевская, 2006, с. 74–83].

Последний принцип и соответствующий ему способ номинации не представлены в нашем материале, так как практически все рассмотренные названия кондитерской продукции, рассчитанные преимущественно на внутренний рынок, семантически прозрачные и достаточно ёмкие по содержанию.

2.4.2 Лингвистические способы реализации прагматических принципов создания названий кондитерских изделий

Анализ русских и китайских названий кондитерских продуктов позволил нам выявить 3 основных прагматических принципа создания русских и китайских прагматонимов – принцип аффективности, принцип эстетичности и принцип языковой игры.

Рассмотрев русские и китайские прагматические названия кондитерской промышленности, мы заметили, что прагматические принципы имеют интернациональный характер, но средства их реализации, т.е. способы номинации, не совпадают у русских и китайских названий.

При этом прослеживается определённая закономерность: каждому прагматическому принципу соответствуют определённые способы номинации.

Принцип аффективности реализуется при создании большинства китайских и русских названий кондитерских продуктов. О.В. Врублевская [2006] называет данный принцип эмоционально-оценочным, а эмоционально-оценочный компонент в значении товарных знаков имеет исключительно положительный характер, что связано с рекламной функцией прагматонима.

В данном случае речь идёт об эксплицитном (открытом) выражении эмоциональности и оценочности. Для реализации принципа аффективности используются лексико-семантические, словообразовательные способы и лексико-синтаксические способы номинации.

При использовании лексико-семантического способа наблюдается онимизация, т.е. переход имени нарицательного в имя собственное и его дальнейшее становление и развитие в любом разряде онимов [Подольская, 1978, с. 95–96]. При создании китайских названий кондитерских продуктов используется оценочная лексика, подчёркивающая качество продуктов. Для усиления внимания адресата к товару употребляются знаменательные слова, обозначающие признак качества товара. Такие слова, как "超" (супер), "佳" (прекрасный), "纯" (чистый), "鲜" (свежий), "好" (хороший), "特制" (по особому рецепту), "美味" (вкусный), "天然" (натуральный), "百分百" (сто процентов). Например, "超好吃" (Супервкусные), "上好佳" (Прекрасные), "天然冰片" (Натуральные), "好味道" (Вкусные), "百分百"(Сто процентов), "纯天然" (Чисто натуральные).

Для наименования русских кондитерских продуктов употребляются не только слова, обозначающие степень качества товара, но и слова, передающие настроение адресата-потребителя кондитерской продукции. Например, конфеты *"Люкс"*, *"Экстра"*, зефир *"Чудо"*, *"Восторг"*, *"Очарование"*, шоколад *"Вдохновение"*, печенье *"Мечта"*.

Другим распространённым лексико-семантическим способом образования аффективных прагматонимов является трансонимизация, под которой понимается переход онима одного разряда в другой [Подольская, 1978, с. 152]. В данном случае речь идёт об имплицитном выражении ряда коннотаций национально-культурного плана. В названиях русских кондитерских изделий – это преимущественно аллюзивные имена собственные, под которыми понимаются сублимированные знаки, хранящие культурно-историческую информацию. Сублимированные знаки способствуют формированию дополнительных смысловых пластов в имеющемся тексте путём актуализации в сознании читателя ассоциативных связей [Соловьева, 2004, с. 5].

Сказанное в полной мере относится к нашему материалу. Русские названия кондитерских изделий делятся на:

1) коннотативные антропонимы, не имеющие связи с конкретным носителем, но вызывающие ассоциации национально-культурного плана: карамель *"Вася-василёк"*, *"Васятка"*, конфеты *"Катюша"*, *"Мария"*, ирис *"Антошка"*;

2) прецедентные имена собственные, связанные в языковом сознании носителей лингвокультуры со сказочными персо-

нажами: конфеты "*Василиса Прекрасная*", "*Красная шапочка*", "*Незнайка*";

3) топонимы и оттопонимические словосочетания, зачастую не связанные с местом производства кондитерских продуктов, но имеющие в своём составе коннотативные семы "экзотичность" и/или "престижность", вызывающие приятные ассоциации. Например, печенье "*Прага*", конфеты "*Афины*", "*Венеция*", "*Македония*", "*Милан*", "*Кремлёвский*", "*Красная Москва*";

4) артионимы, т.е. названия произведений искусства (литературы, живописи, музыки: конфеты "*Вишнёвый сад*" (название пьесы), "*Чио-чио-сан*" (название оперы), "*Незнакомка*" (название картины).

Аналогичная ситуация встречается и в китайском материале. Для образования аффективных прагматонимов используются онимы других разрядов:

1) коннотативные антропонимы, обозначающие известных личностей: конфеты "*小乔*" (Маленький Цяо), "*六小龄童皇冠牛扎糖*" (Лю Сяолинтоун);

2) топонимы и оттопонимические словосочетания, не связанные напрямую с местами производства и характеризующие необычные, экзотичные места Китая – молочные конфеты "*上都河*" (р. Шанду), карамель "*九龙池豆末糖*" (бассейн "Девять драконов"), "*云南十八怪*" (18 юньнанских чудес);

3) артионимы, преимущественно обозначающие древние

произведения искусства, примеры единичны – леденцы *"蝶恋花"* (бабочка привязана к цветам – название древнего поэтического жанра);

4) геортонимы (названия праздников) с отмеченными в предыдущем разделе нашей работы национально-культурными компонентами значений: шоколад *"七夕"* (День Влюблённых по лунному календарю), конфеты *"情人节"* (День Святого Валентина), *"圣诞节"* (Рождество), леденцы *"儿童节礼物"* (Подарок на Международный детский день).

Только в китайском материале нами были обнаружены фразеологизмы при создании названий кондитерских изделий: конфеты *"天长地久"* (Тяньчандицзю, букв. пер. – время существования равно времени существования неба и земли, т.е. на веки вечные. Имеется в виду вечная любовь), *"国色天香"* (Госэтяньсян, букв. пер. – первая красавица в стране и небесный аромат. В изначальном смысле говорится о цветке древовидного пиона, который имеет необычные цвет и аромат, а потом говорится о женщине, которая необыкновенно красива), халва *"龙凤呈祥"* (Лунфэнчэнсян, букв. пер. – соединение дракона и феникса предвещает радостное событие. Имеется в виду свадьба).

Кроме того, аффективные русские прагматонимы создаются словообразовательными способами, среди которых ведущие позиции занимает суффиксальный способ. Обращение русских названий кондитерских изделий к детям обусловило активность суффиксов субъективной оценки. Например, конфеты, *"Нотка"*, карамель *"Лимончики"*, *"Голубка"*, *"Ивушка"*, печенье *"Бантик"*, *"Грибочек"*, *"Телефончик"*.

Основным словообразовательным способом создания аффективных китайских прагматонимов является словосложение, т.е. цельнооформленное соединение двух и более морфем, выступающих в качестве корневых в отдельных словах [Ахманова, 2007, с. 426]. Например, конфеты *"辉煌"* (букв. пер. – сияние и свет), жевательная резинка *"美健"* (букв. пер. – красота и здоровье), карамель *"甜梦"* (букв. пер. – сладкий сон), *"起点"* (букв. пер. – начальная точка), лунные пряники *"福韵"* (букв. пер. – счастливое очарование), леденцы *"劲跑"* (букв. пер. – бежать со всей силой).

При использовании лексико-синтаксического способа номинации кондитерских изделий обозначаются словосочетанием. Данный способ широко используется при создании русских и китайских названий кондитерских изделий.

В китайских названиях часто употребляются словосочетания, в которых содержится оценочный компонент. В грамматике китайского языка соединение слов (знаменательных и служебных) называется 句法结构 (синтаксической структурой). Синтаксическая структура, которая образуется только из знаменательных слов, называется **словосочетанием**. Грамматические отношения между словами, входящими в словосочетания, определяются как структурные отношения. В зависимости от

структурных отношений, которые положены в основу классификации, выделеются 5 основных типов словосочетаний (далее
перевод наш – Ван мяо).

1. Словосочетание, образованное по предикативной структуре, в котором отношение между двумя компонентами словосочетания является повествовательным. Например, 今天清明
(Сегодня цинмин – пятый из 24 сезонов лунного календаря, с
4-6 апреля), 你很聪明 (Ты очень умный).

2. Словосочетание, образованное по глагольно-объектной
структуре. Между двумя компонентами словосочетания присутствует подчинительная связь – управление. Например, 写信
(писать письмо), 来了一个人 (Пришёл один человек).

3. Словосочетание, образованное по структуре дополнения, т.е. два компонента дополняют друг друга. Например, 坐下
去 (сесть вниз), 听清楚 (внимательно слушать), 好得很 (очень
хорошо).

4. Словосочетание, образованное по атрибутивной структуре, в котором два компонента выражают определённые отношения. Например, 老工人 (старый рабочий), 很容易彻底地
解决 (очень лёгкое окончательное решение), 愿意参加 (добро-
вольное участие).

5. Словосочетание, образованное по сочинительной структуре, т.е. между двумя или более компонентами имеются сочинительная или альтернативная связи. Например, 大李、老李和
小李 (старший Ли, самый старший Ли и младший Ли. Ли – это

фамилия), 油盐酱醋 (масло, соль, соевый соус, уксус), 严肃而认真 (серьёзность и требовательность), 同意或反对 (согласиться или возразить).

Кроме этих 5 основных типов словосочетаний в китайском языке существуют следующие типы: словосочетание, образованное из двух или более двух глаголов, между глаголами не имеются вышеизложенные отношения, например, 去打电话 (идти звонить), 躺着不动 (лежать и не шевелиться); присоединение словосочетания по предикативной структуре и словосочетания по глагольно-объектной структуре, например, 叫你去 (вызвать тебя), 送我上车 (проводить меня сесть в машину); словосочетание – приложение, два компонента в этом словосочетании с разных точек зрения указывают на один предмет), например, 王一林厂长 (директор завода Ван Илинь), 西岳华山 (Великая западная гора Хуашань – одна из пяти свящённых гор Китая, которые являются объектами массового паломничества по традиции даосизма) [Линь Сянмэй, 1997, с. 229–231].

По нашим наблюдениям, при создании названий китайской кондитерской продукции используются разные типы словосочетания:

● с предикативной структурой – шоколад "恋上你" (Влюбиться в тебя);

● с атрибутивной структурой – конфеты "优之味" (Лучший вкус), "纯牛奶" (Натуральное молоко), карамель "极品" Наилучшее качество), сюда включаются и многочисленные названия конфет со словом "золотой" – лунные пряники "*金装 典藏*" (Золотые классики), конфеты "*金枕头榴莲糖*" (Золотая подушка), "*金色年华*" (Золотые годы), леденцы "*金牌*" (Золотая марка);

● с сочинительной структурой – лунные пряники "*金秋雅 月*" (Золотая осень и красивая луна);

● с глагольно-объектной структурой – мармелад "*给她*" (Дарить ей), конфеты "*贺年*" (Поздравить с Новым годом).

При создании названий кондитерских изделий используются также целые предложения. Например, китайские названия – конфеты "*蚂蚁上树*" (Маишаншу – Муравьи лезут на дерево), карамель "*小猪吹气球*" (Сяочжучуйцицю – Поросёнок надувает шарик), леденцы "*老鼠爱大米*" (Лаошуайдами – Мышь любит рис), леденцы фруктовые "*我爱pk*" (Воай pk – Я люблю pk. PK – англ. Play Kill. Говорится о телевизионном музыкальном проекте "*Суперженский голос*").

При создании русских названий кондитерских изделий также используются словосочетания. В русском языке словосочетание часто является средством наименования. Синтаксические отношения между словами, входящими в словосочетание, бывают следующие: атрибутивные (последние известия, учебник по истории, книга брата), объектные (рубить дерево, чтение книги, готовый к экзаменам), обстоятельственные (приехать завтра, есть много, поехать учиться, отсутствовать по болезни) [Розенталь, Голуб, Теленкова, 2006, с. 285].

В русских названиях чаще встречаются названия – атрибутивные словосочетания, имеющие в своём составе сему "волшебство" или "любовь": конфеты *"Сезон чудес"*, *"Новое чудо"*, *"Волшебная нежность"*, и названия со словом "золотой" – конфеты *"Золотой орех"*, *"Золотая бочка"*, *"Золотые купола"*, торт *"Золотая пора"*, шоколад *"Золотые шоколадки"*. Н.Д. Арутюнова отмечает, что предложение может выступать не только в качестве номинации события, но и как средство номинации предмета [Арутюнова, 1971, с. 65]. Таковы, например, русские названия конфет *"Я люблю тебя"*, *"Отломи!"*, *"Ну-ка, отними!"*, *"Раз-два!"*, *"Играй!"*, *"Решай!"*, реализующие прагматический принцип аффективности.

Принцип эстетичности проявляется преимущественно на фонетическом уровне. При этом используется фонетический способ номинации, с помощью которого образуются слова непосредственно из фонем, без какой-либо опоры на морфемные элементы. Он реализуется в названиях, имеющих эвфоническое звучание. В данном случае имеется в виду совокупность разнообразных фонетических приёмов, применяемых в разных формах речи, таких как аллитерации, ассонансы, разные виды звуковых повторов и т.п. [Ахманова, 2007, с. 522].

При создании названий русских прагматонимов широко используется принцип эстетичности, употребляются разнообразные фонетические приемы:

Аллитерация – повторение одинаковых (или) сходных звуков или звукосочетаний [Там же. С. 40], например, карамель *"Мишка-Топтышка"*, *"Сорока-белобока"*, *"Рачки-Добрячки"*, печенье *"Буби-юби"*, конфеты *"Лапки-царапки"*, *"Тип-топ"*, вафли *"Тигруля-игруля"*, мармелад *"Муси-пуси"*.

Повтор – карамель *"Кис-кис"*, *"Му-Му"*, *"Гуси-гуси"*. Наиболее распространено повторение начальных слогов.

Ассонанс представляет собой созвучие гласных, используемое в устойчивых словосочетаниях, а также как стилистическое средство [Там же. С. 58], например, леденцы *"Бон-Бон"*, печенье *"Шоко барокко"*, карамель *"Му-муся"*, конфеты *"Жорж-Борман"*, *"Бон-Вояж"*.

Как видно из примеров, эти фонетические приёмы сочетаются с рифмой.

Следует заметить, что достаточно только одной удачной звуковой оболочки, чтобы привлечь адресата, даже если ему не понятен смысл названия. Многие из приведенных названий имитируют детскую речь или апеллируют к известным детским рифмовкам, что также подтверждает их ориентацию на потребителя-ребёнка.

При создании китайских прагматонимов редко учитывается благозвучность номинативной единицы. Это объясняется, на наш взгляд, во-первых, преимущественным визуальным восприятием носителями китайской лингвокультуры рекламной информации, во-вторых, ориентация на взрослого потребителя кондитерских изделий. В собранном материале мы обнаружили один фонетический приём – повтор: жевательные конфеты "旺旺" (Wangwang – кипучесть), "*JOJO*", карамель "巧巧" (Qiaoqiao – ловкость), леденцы на палочке "棒棒" (Bangbang), "汪汪汪" (Wangwangwang), "珠珠" (Zhuzhu), "*BiBi*", "*QiQu*".

Для нас представляет интерес тот факт, что в обоих языках для создания названий кондитерских продуктов именующий субъект не только обращает внимание на смысловую насыщенность, образность и эмоциальность названий, но и задумывается об их приятном звучании. Однако по причинам, указанным выше, это в большей степени относится к русским словесным товарным знакам.

Принцип языковой игры широко представлен в современной рекламе, что связано с особой значимостью рекламной функции в современном обществе [С.В. Ильясова, Л.П. Амири, Ю.К. Пирогова, Е.Б. Курганова и др.].

Языковая игра – понятие, введённое Л. Витгенштейном в «Философских исследованиях» [1985], которое занимает значительное место в художественной литературе, публицистике и непосредственно в рекламе. В настоящее время языковая игра является составляющим компонентом человеческой языковой деятельности.

Интерпретирование термина "языковая игра" является неоднородным. Языковая игра, по В.З. Санникову, "это некоторая неправильность (или необычность) и, что очень важно, неправильность, осознаваемая говорящим (пишущим) и намеренно допускаемая. При этом слушающий (читающий) также должен понимать, что это "нарочно так сказано", иначе он оценит соответствующее выражение просто как неправильность или неточность. Только намеренная неправильность вызовет не досаду и недоумение, а желание поддержать игру и попытаться вскрыть глубинное намерение автора, эту игру предложившего" [Санников, 2002, с. 23].

Т.А. Гридина подходит к феномену языковой игры с позиции автора речи, она считает, что языковая игра может быть рассмотрена как форма лингвокреативного мышления, которое выявляет способность говорящих к разнообразной ассоциативной переработке языковых форм и значений, преодолению речевого автоматизма [Гридина, 2005, с. 37].

По мнению Б.Ю. Нормана, под **языковой игрой** понимается "использование языка в особых – эстетических, социальных и т.п. – целях, при котором языковая система наилучшим образом демонстрирует свою "мягкость": языковые единицы, их классы и правила их функционирования получают тут большую степень свободы по сравнению с иными речевыми ситуациями" [Норман, 2006, с. 5–6].

Учитывая данные определения, исследователи выделяют многие виды языковой игры, представленные в рекламном тексте [Л.П. Амири 2007, Н.И. Рябкова 2009].

Однако у русских и китайских названий кондитерских изделий этот принцип не занимает ведущих позиций, т.к. во-первых, это наиболее традиционный вид продукции, традиции сохраняются и в особенностях номинации; во-вторых, кондитерские продукты в России и Китае – это предметы широкого потребления внутри страны, их названия должны быть не только интересными, привлекательными, но и общедоступными, понятными для всех носителей лингвокультуры.

Так, в нашем материале встречаются лишь отдельные виды каламбура.

Под **каламбуром** подразумевается шутка, основанная на смысловом объединении в одном контексте либо разных значений одного слова, либо разных слов (словосочетаний), тождественных или сходных по звучанию [Санников, 2002, с. 490]. В.З. Санниковым выделяются следующие виды каламбура:

1) каламбур, основанный на многозначности слов. Для достижения комического эффекта могут сталкиваться значение прямое и переносное, собственное и нарицательное, специальное (философское, лингвистическое) и общеупотребительное, диалектное (или жаргонное) и литературное, свободное и фразеологически связанное, общеупотребительное и индивидуально создаваемое;

2) каламбур, обыгрывающий сходство в звучании слов или словосочетаний (парономазия или паронимия). К данному виду каламбура относятся изменение звучания существительных (нарицательных или собственных) с целью их переосмысления, обыгрывание каламбурного сходства неологизмов – иностран-

ных фамилий с соответствующими словами, не являющимися именами собственными;

3) каламбурному обыгрыванию подвергаются все типы омонимов: полные омонимы (слова, совпадающие во всех формах по звучанию и написанию), омофоны (слова, совпадающие по звучанию, но не по написанию), омографы (слова, имеющие одинаковое написание, но различное ударение), омоформы (слова, совпадающие лишь в некоторых из своих форм), омонимия слова и словосочетания или омонимия двух словосочетаний, случайное совпадение (или сходство) русских и иноязычных слов [Там же. с. 490–495].

Далее В.З. Санников отмечает, что определение каламбура нуждается в уточнениях. Во-первых, каламбур не всегда подчёркивает звуковую близость обыгрываемых слов или словосочетаний, так как иногда он основывается не на формальной, звуковой, а на смысловой близости слов, например, псевдосинонимы или псевдоантонимы; во-вторых, языковая игра не всегда имеет целью создание комического эффекта [Там же. с. 495–498].

При создании русских и китайских прагматонимов используется языковая игра, которая имеет не такой сильный комический эффект, как в юмористическом дискурсе. Однако название, созданное с помощью языковой игры, побуждает покупателя приобрести данный товар, очевидно, что здесь языковая игра выполняет рекламную функцию.

По нашим наблюдениям, для создания китайских названий кондитерской продукции используется лишь один вид фонетического каламбура с использованием омофонов. Например, название карамели "*У Мэньнян*" означает 1) неизвестный человек, 2) первая императрица в истории Китая. В 690 г. официально приняла титул императрицы У Цзэтянь (первая и единственная женщина, единолично правившая Китаем). Годы её правления прерывают династию Тан и составляют время династии Чжоу. Здесь слова "五" в названии "五媚娘" и "武" в фамилии и имени "武媚娘" имеют одинаковое звучание, но разные написания, т.е. являются омофонами. В названии жевательной резинки "亲嘴" (qinzui – целоваться) для сообщения свойства продукции именующий субъект использует слово "亲" (qin. В данном словосочетании переводится как целоваться), которое по звучанию похоже на слово "清" (qing – освежить), что указывает на свойство продукции.

В русском материале языковая игра представлена преимущественно на словообразовательном уровне, когда в пределах существующего словообразовательного типа создаются неологизмы, которые при реализации только на уровне контекста можно признать окказиональными [Намитокова, Нефляшева, 2008, с. 34].

В нашем материале прагматонимы-неологизмы, как правило, семантически прозрачные. Например, с помощью суффиксации: карамель "*Фруктик*", "*Растишка*", или с использованием более сложных словообразовательных способов, таких, как телескопия, под которой, вслед за В.М. Лейчиком, понимаем создание новых форм путём слияния двух форм, которые возникают в сознании одновременно [Лейчик, 1982, с. 80]. Например, конфеты *"Смешарики"* (смешные шарики), *"Сладуванчик"* (сладкий одуванчик), *"Шоколапки"* (шоколадные лапки), карамель *"Бонфетти"* (от франц. "bon" – *хороший* и *конфетти*). Кроме того, в двух последних примерах присутствует фоносемантическое сближение со словами *шоколадки* и *конфеты*. Ср. более сложные случаи языковой игры, основанной на фоносемантическом сближении: конфеты *"СладкоЁжка"*, мороженое *"Белосъежка и съем гномов"*.

Такие придуманные товарные знаки выразительны и ассоциативны, что способствует их рекламному воздействию на адресата. Отметим, что словотворчество свойственно детям дошкольного возраста. Как отмечает Т.Н. Ушакова, детское словотворчество – это распространённое явление у детей в возрасте 3-7 лет, возникшее в результате последовательных действий [Ушакова, 2005, с. 70–71].

Таких названий нет в китайском материале, т.к. в Китае потенциальными потребителями кондитерских изделий являются взрослые.

Рассмотренный материал демонстрирует не только интернациональный характер прагматических принципов создания словесных товарных знаков, но и структурно-семантические различия в способах образования русских и китайских прагма-

тонимов.

Способы номинации русских и китайских названий конди-

терских изделий представлены в следующей таблице:

Таблица 4   Способы номинации русских и китайских прагматонимов

Способы номинации	Русские прагматонимы (%)	Китайские прагматонимы(%)
Лексико-семантические	36	27
Лексико-синтаксические	51	48
Словообразовательные	10	24
Фонетические	3	1

Итак, при создании русских и китайских названий кон-

дитерских продуктов используются преимущественно лекси-

ко-синтаксические способы номинации. Такие названия реали-

зуют принцип аффективности, который позволяет созданным

названиям приобрести эмоционально-оценочные оттенки. Это

объясняется тем, что по сравнению с принципами эстетично-

сти и языковой игры прагматический принцип аффективности

создания названий кондитерских продуктов является наиболее

важным. Сегодня в целях привлечения внимания адресата при

создании названий кондитерских изделий как рекламных имён

недостаточно одного слова. Чтобы создать наиболее ёмкие в

эмоционально-оценочном плане прагматонимы применяют не

только разные виды словосочетаний, но и целые предложения.

С учётом вышеизложенных прагматических принципов

создания прагматонимов создаются новые привлекательные названия товаров или предлагаемых услуг. Кроме того, появление новых названий или изменение старых названий также связаны с экстралингвистическими факторами: бурным развитием экономики, сменой политики и т.п.. К основным, традиционно выделяемым экстралингвистическим функциям прагматонимов относятся охрана собственности и гарантия качества.

2.4.3 Манипулятивный принцип создания названий кондитерских изделий

Среди новых словесных товарных знаков в России и Китае стали появляться прагматонимы, созданные с учётом манипулятивного принципа. По нашим наблюдениям, в этом отношении названия конфет наиболее показательны. Например, конфеты *"Мишка на льдинке"* и конфеты *"Мишка на севере"*, молочные конфеты "小白兔" (Маленький белый кролик) и молочные конфеты "大白兔" (Большой белый кролик).

Чтобы понять причины появления подобных прагматонимов, необходимо обратиться к фактам из истории появления товарных знаков в Китае и в России (см. раздел 1.1.).

Можно сказать, что товарные знаки и знаки обслуживания для России и Китая – это относительно новые явления. Как законодательно охраняемые языковые единицы они появились в Китае в 1910 г, а в России в 1896 г. [Песоцкий, 2001]. Для сравнения, в Европе товарные знаки существуют более двух столетий и являются мощным организующим средством в развитии экономики.

Появлению новых явлений сопутствовали новые проблемы – многие названия товаров и магазинов были похожи друг на друга или совсем одинаковые. По европейскому закону о товарных знаках и знаках обслуживания категорически нельзя допускать их одноименность. Каждый прагматоним не должен быть повторяемым (если товары принадлежат к одной категории). Соединившись с рекламируемым товаром, пргаматонимы обретают юридическую силу. Появляется новый вид собственности – собственность на слова, вследствие этого в Китае и России издаются законы о товарных знаках и знаках обслуживания.

Согласно закону Российской Федерации о товарных знаках, знаках обслуживания и наименованиях мест происхождения товаров, "товарный знак и знак обслуживания (далее – товарный знак) – обозначения, служащие для индивидуализации товаров, выполняемых работ или оказываемых услуг (далее – товары) юридических или физических лиц" [Разд. 1. ст. 1]. Аналогичные формулировки даются в китайском законе о товарных знаках: "Знаки, получившие санкцию государственной службы по интеллектуальной собственности, патентам и товарным знакам, включают товарные знаки, знаки обслуживания, коллективные знаки и свидетельствующие знаки. Обладатель товарных знаков (правообладатель) пользуется монопольном правом, которое охраняется законом" [Разд. 1. ст. 3].

Таким образом, во всём мире создатели прагматонимов оказываются в очень сложном положении. Современные рыночные отношения показывают, что для успешного продвижения продукции на рынке изготовителю необходимо придумать такие названия товаров, которые, с одной стороны, довольно эффективно воздействуют на потребителя, а, с другой стороны, не повторяются. Именно поэтому создатели названий кондитерских изделий регистрируют новые товарные знаки, ассоциативно связанные со старым сортовым названием.

На эту особенность обратила внимание А.В. Суперанская: "В течение нескольких десятилетий для маленьких ирисок, выпускавшихся разными фабриками по всей стране, существовало сортовое название 'Золотой ключик'. В качестве товарного знака 'Красный Октябрь' зарегистрировал название 'Сказочный ключик', сохранив преемственность с сортовым названием и включив в него новый индивидуализирующий компонент" [Суперанская, 2003, с. 535].

Считаем, что в данном случае можно говорить о манипулятивном принципе создания прагматонима: создатель названия сознательно вводит адресата в заблуждение относительно времени создания продукции и рассчитывает на то, что адресат сопоставит новое название с хорошим известным старым и приобретет данный товар.

Как известно, что термин "**манипуляция**" широко распространяется в разных областях человеческого знания. В БСЭ так определяется манипуляция – 1) Движения руки или обеих рук, связанные с выполнением определённых процессов (напр., при управлении каким-либо устройством); сложный приём в ручной работе, требующий большой точности. 2) Ловкая проделка, ухищрение, подтасовка фактов для достижения неблаговидной цели [БСЭ, 1974, с. 326]. Как видно, первоначально это слово не имело отношения ни к психологии, ни к лингвистике.

В последние годы манипуляция начинает рассматриваться как психологический термин.

В психологии **манипуляция** определяется как один из способов психологического воздействия на личность или группу, направленный на достижение манипулятором своих целей (вне зависимости от последствий для объекта манипуляции) путём незаметного для объекта манипуляции его подталкивания к осуществлению желаемых манипулятором проявлений активности, как правило, несовпадающих с изначальными намерениями объекта манипуляции. Психологи считают, что манипулятивная активность носит скрытый характер, причём нераспознаваемыми для объекта манипулирования оказываются и действительные цели, и действительные мотивы и намерения манипулятора [http://slovari.yandex.ru/dict/azbuka/article/azbuka/ps7-055.htm?text=].

В соционально-психологическом контексте под манипуляцией понимается вид психологического воздействия, используемого для достижения одностороннего выигрыша посредством скрытого побуждения партнера по общению к совершению определённых действий, предполагает известный уровень мастерства при его проведении [http://slovari.yandex.ru/dict/psychlex4/article/PS4/ps4-0116.htm?text=]. В последнее время на данное понятие обратили внимание не только психологи и социологи, но и лингвисты.

Манипуляция как способ воздействия на поведение, деятельность, эмоции человека рассматривается в отдельной отрасли языкознания – психолингвистике, "изучающей процесс речи с точки зрения содержания, коммуникативной ценности, адекватности речевого акта данному коммуникативному намерению, т.е. природу и свойства кодирования и декодирования сообщения, передаваемого посредством естественного языка" [Ахманова, 2007, с. 373–374].

Манипулирование рассматривается А.Г. Гурочкиной как своеобразный способ социальной регуляции, управления, контроля и детерминации жизни личности, описываются разнообразные "манипулятивные технологии" и приёмы: искажение информации, управление информацией, имплицитную подачу информации, намеренный выбор способа и времени подачи информации, а также уделяется внимание языковым средствам и предпосылкам их использования в качестве манипулятивных [http://209.85.135.132/search?q=cache:awe8mRlZW0J:ftp://lib.herzen.spb.ru/].

В работе И.И. Меньшикова описывается комплекс лингвистических фигур как средств влияния на сознание и поведение человека в системе официального общения, рассматриваются 25 приёмов лингвистического манипулирования: отсылка к личности с референтным индексом, немотивированное общение, коммуникативный саботаж, гиперболизация, замена на мотивировки и др.. [http://209.85.135.132/search?q=cache:8eULJX9YGB4J].

Рассматривая речевое манипулирование, Г.А. Копнина [2008] описывает наиболее типичные речевые (риторические) приёмы, которые могут использоваться с манипулятивной целью: паралогические риторические приёмы, нарушения постулата количества с целью манипуляции, манипулятивный потенциал стилистических приёмов и неправдоподобное описание в манипулятивной функции [Копнина, 2008, с. 65–94].

При исследовании применения манипуляции в рекламе и PR-дискурсе Ю.К. Пирогова даёт следующее определение: *"Манипуляция* или *манипулирование* – это вид скрытого коммуникативного воздействия адресанта на адресата (на его знания, представления, отношения, цели) с целью изменить его намерения в нужном для адресанта направлении вопреки интересам адресата. Адресата коммуникации при этом вводят в заблуждение относительно важных для него характеристик рекламируемого (или продвигаемого) объекта или используются слабые стороны его психического или когнитивного устройства. Введение в заблуждение означает, что у адресата формируется неверное представление о мире, причём адресант применил коммуникативные приёмы, провоцирующие это неверное представление. Скрытое воздействие означает, что адресант использует коммуникативные приёмы, действующие в обход сознательного восприятия адресата" [Пирогова, 2001, с. 222].

Аналогичный подход представлен в диссертационном исследовании Е.С. Поповой [2005], которая рассматривает структурные и семантические особенности манипулятивного воздействия в современном рекламном тексте с лингвопрагматических позиций. С учётом языковых особенностей манипуляция определяется автором как разновидность скрытого речевого воздействия, направленного на достижение собственных целей субъекта воздействия, которые не совпадают с намерениями или противоречат желаниям и интересам объекта воздействия, при этом осуществляется неосознаваемый со стороны объекта контроль над его сознанием с помощью искаженной, необъективной подачи информации, зафиксированной в тексте [Попова, 2005, с. 6]. Автором рассматривается рекламный текст с позиций адресанта, описываются особенности механизма манипулятивного воздействия через характеристику каждого компонента в структуре воздействия: цель→стратегия→тактика→приём→перлокутивный эффект.

В работе Е.С. Поповой выделяются универсальные и специфические рекламные манипулятивные тактики. Среди универсальных рекламных манипулятивных тактик рассматриваются три тактики: "Подмена целей", "Надевание маски", "Игра с мотивом", характерные для любого манипулятивного рекламного текста. Для реализации каждой тактики используются разные приёмы. Например, для реализации тактики "Подмена целей" используется оппозиция "мы-вы", в которой личным местоимением 1 лица обозначается адресант, а личным местоимением 2 лица – адресат, употребляется слово *выгода* и его дериваты, фиксирующие подмену цели, для усиления иллюзии используются такие стилистические фигуры, как антитеза, параллелизм и анафора; для реализации тактики "Надевание маски" употребляются вопросно-ответные конструкции и эмоционально-оценочная лексика; при реализации тактики "Игра с мотивом" учитываются разные мотивы, определяющие поведение и деятельность потребителя, один из них выделяется как наиболее действенный. Отмечается, что все специфические рекламные манипулятивные тактики оказываются напрямую связанными с трансформацией прототипического рекламного текста, которая осуществляется в сторону укрупнения трёх его компонентов: адресата, качества товара, выгоды адресата. Для реализации данной тактики используются вербальный и графический приёмы [Там же. с. 7–27].

По нашим наблюдениям, манипуляция также присутствует при создании русских и китайских прагматонимов. В ходе исследования русских и китайских словесных товарных знаков мы обнаружили многие новые названия кондитерских изделий, ассоциативно связанные со старыми сортовыми названиями. Такие названия, как конфеты "*Ласточка*" и конфеты "*Ласточка лакомка*", конфеты "*Кара-кум*" и конфеты "*Вечный Кара-кум*", китайские названия помадка "玉米软糖" (Кукуруза) и помадка "大金玉米" (Золотая кукуруза), халва "小人酥" (Человечек) – халва "小孩酥" (Ребёнок).

Цель манипулятора в данном случае – ввести адресата в заблуждение относительно времени создания торговой марки. В результате сходства старого и нового прагматонима адресат идентифицирует манипулятивный прагматоним с кондитерскими изделиями, хорошо знакомыми с детства. Вполне закономерно, что и в России и в Китае такие названия рассчитаны на взрослого адресата, имеющего многолетний опыт потребления кондитерской продукции.

Для реализации манипулятивного принципа создания прагматонимов используются следующие лингвистические средства:

1) изменение атрибутивного компонента старого названия. У русских прагматонимов изменение атрибутивного компонента сопровождается изменением порядка слов в словосочетании: конфеты "*Красный мак*" – конфеты "*Мак-красавец*", или конфеты "*Мишка косолапый*" – конфеты "*Русский Мишка*". У китайских прагматонимов атрибутивный компонент часто заменяется на антонимичный: молочные конфеты "大白兔" (Большой белый кролик) – молочные конфеты "小白兔" (Ма-

ленький белый кролик);

2) усложнение конструкции. При создании русских прагматонимов в старые названия вводятся дополнительные имена сказочных персонажей: конфеты "*Красная шапочка*" –
конфеты "*Серый волк и красная шапочка*"; или усиливается
аллюзия на конкретное литературное произведение: конфеты
"*Буревестник*" – конфеты "*Гордый буревестник*" (ассоциация
с произведением М. Горького "Песня о буревестнике"); или к
однословному прагматониму добавляется атрибутивный компонент: конфеты "*Ананасные*" – конфеты "*Ананасный каприз*",
конфеты "*Ананасная долина*", иногда указывающий на место
производства: кармель "*Коровка*" – карамель "*Загорская коровка*". Таким образом, происходит конкретизация, детализация
первоначального значения прагматонима. Существуют случаи
образования от одного старого названия двух и более новых,
при этом используются различные синтаксические единицы,
усложняющие конструкцию – от словосочетания до целого
предложения. Например, конфеты "*Белочка*" – конфеты "*Са-
мойловская белочка*" и "*Белочка-волшебница*", конфеты "*Ласточка*" – конфеты "*Ласточкина песня*" и конфеты "*Ласточка – вест-
ница весны*".

При создании китайских прагматонимов используется кон-
таминация названий. Например, существует старое название
помадки "玉米软糖" (Кукуруза), затем для аналогичной продукции появляется совершенно новое название помадки "金玉

满堂" (Зал, заполненный золотом и нефритом), через несколько лет ещё одно название для той же самой продукции: помадка "大金玉米" (Золотая кукуруза). Обратим внимание на то, что в названии помадки "金玉满堂" слова "золото" и "нефрит" равнозначны по семантическим показателям. Для того чтобы подобные прагматонимы производили психологический эффект, требуются определённые фоновые знания адресата: в Китае "нефрит" и "золото" – практически равноценные драгоценности, которым приписываются особые свойства. Прагматоним "大金玉米" (золотая кукуруза) объединяет компоненты двух предшествующих вариантов названия, осуществляя ассоциативную связь между ними. Существуют также целые серии китайских названий с усложнённой конструкцией: халва "花生酥" (Арахисовая халва) – "奶香花生酥" (Арахисовая халва с ароматом молока) и "乡醇花生酥" (Чистая арахисовая халва), конфеты "奶糖" (Молочные) – конфеты "纯奶糖" (Чистое молоко), конфеты "鲜1度纯奶糖" (Самые свежие и чистые молочные).

3) упрощение конструкции, иначе говоря, эллипсис. Это лингвистическое средство широко используется при создании русских манипулятивных названий. Например, карамель "*Раковые шейки*" – карамель "*Рачки*", конфеты "*Золотой Петушок*" – конфеты "*Петушок*", конфеты "*Мишка косолапый*" – конфеты "*Мишка*". Такие прагматонимы, с одной стороны, рассчитаны на восстановление в сознании адресата недостающих элементов названий, а с другой стороны, апеллируют к разговорным

вариантам данных названий, широко употребляемых в речи в течение длительного времени. В китайском материале подобный способ создания манипулятивных прагматонимов не зафиксирован.

4) подбор названий, относящихся к одной тематической группе. Этот приём практически равномерно представлен у русских и китайских названий конфет: карамель *"Пилот"* – карамель *"Пилотка"*, конфеты *"Мишка на севере"* – конфеты *"Мишка на льдинке"*; халва "小人酥" (Человечек) – халва "小孩酥" (Ребёнок), халва "宫廷酥" (Королевский дворец) – халва "东方皇城" (Восточный царский дворец), конфеты "有大喜" (Получить радость) – конфеты "喜临门" (Радость приходит). Как видно, здесь манипулятивные приёмы очень разнообразные. Это может быть полная замена названия: ирис *"Золотой ключик"* – ирис *"Буратино"*; изменение одного компонента: ирис *"Сказочный ключик"*; изменение формы у одного из компонентов *"Золотой ключ"*. При этом может происходить как упрощение, так и усложнение конструкции.

Во всех рассмотренных случаях полностью или частично сохраняется паралингвистический поддерживающий контекст – рисунок на упаковке, что усиливает манипулятивное воздействие. Иногда встречаются случаи полного изменения названия, при котором, однако, сохраняется манипулятивная функция: её выполняет полностью сохранившийся поддерживающий паралингвистический контекст (см. раздел 2.5.).

Отметим, что применительно к рассмотренному материалу манипуляция не связывается с обманом, который чаще всего приносит людям ущерб, порочит репутацию регулярных предприятий, оказывает отрицательное воздействие на потребителей. К таким нечестным манипулятивным приёмам можно отнести изобретение названия *Adibas* вместо широко известного и юридически охраняемого названия *Adidas*, или *Pawasonic* вместо *Panasonic*.

В рассмотренных случаях с названиями кондитерских изделий манипуляция стимулирует борьбу за качество. С точки зрения лингвистики ее можно понимать как скрытую коммуникацию, при которой с помощью разных языковых средств адресант побуждает адресата приобрести товар. Можно утверждать, что в манипуляциях с русскими и китайскими названиями кондитерских изделий есть элемент хитрости, но нет прямого обмана, т.к. они созданы на основе ранее не зарегистрированных сортовых названий. Как указывалось в 1-ой главе (см. раздел 1.1.), современный закон, закрепляющий товарные знаки за конкретным предприятием, появился в России в 1992 году, а в Китае 1982 году. Зарегистрировать известные старые сортовые названия в качестве юридически охраняемых товарных знаков смогли только очень крупные производители, такие, как кондитерская фабрика "Красный октябрь" (Москва) или кондитерская фабрика "Гуаньшэнюань" (Шанхай). Именно они стали производить конфеты с известными названиями конфет "*Красная шапочка*", "*Мишка косолапый*", "*Белочка*" и др., карамели "冠生园" (Гуаньшэнюань), конфет "大白兔" (Большой кролик), "生" (Шэн) и др..

Сходные экономические условия в русской и китайской кондитерской промышленности определили сходство лингвистических способов создания манипулятивных прагматонимов.

2.5   Паралингвистические средства прагматизации русских и китайских названий кондитерских изделий

2.5.1   Типология паралингвитических средств

Поскольку прагматоним является рекламным именем, для него обязательным условием является узуализация, под которой можно понимать вхождение какого-либо наименования в узус, т.е. во всеобщее (в больших или меньших масштабах) пользование [Голев, 2001, с. 93]. Выделяются два противопоставленных друг другу типа узуализации: естественная (стихийная) и искусственная.

Естественная узуализация в настоящее время является наиболее изученным явлением. Н.Д. Голев рассматривает естественную узуализацию номинативных единиц и определяет общие черты процесса естественной узуализации:

1. первоначально создаются разные речевые обозначения

одного предмета. Например, название города *Симбирск* существовало вначале в формах "*Город на Симбирских горах*" и "*Симбирский город*";

2. увеличивается значимость какого-либо понятия, разные формы которого сталкиваются друг с другом в коммуникативных ситуациях. Такое столкновение ведёт к их конкуренции. Например, в течение двухсотлетнего существования в России слово *кофе* имело разные формы выражения – *КОФИЙ, КЕФА, КОФА, КОФЕЙ, КАВА, КОХИЙ, КОХВИЙ, КОХВЕЙ, КОФЕ, КАФЕ, КАФЕЙ, КОФЬ*. Из многочисленных вариантов в литературном языке закрепился лишь один – *кофе*, и теперь он вне конкуренции.

По мнению Н.Д. Голева, естественная номинация характеризует в первую очередь разговорную речь разных функциональных разновидностей и спонтанную письменную речь [Там же].

Под искусственной узуализацией рекламного имени можно понимать "целенаправленные действия по закреплению авторской языковой единицы в общей системе языка. От естественной узуализации она отличается не только осознанным отбором одной номинативной единицы и стремлением к её закреплению в качестве нормы, но и ускоренными темпами. Для того чтобы какое-либо рекламное наименование приобрело свойства узуализированной единицы, требуется совсем немного времени, часто бывает достаточно нескольких месяцев"

[Крюкова, 2004, с. 114].

Каналом ускоренной выработки у искусственной номинации свойств узуализированной единицы служат письменная фиксация названия (вывески, этикетки, рекламные каталоги, рассчитанные на всеобщее восприятие) и устное оглашение факта присвоения названия через каналы массовой коммуникации – радио и телевидение [Голомидова, 1998]. Для ускорения осуществления искусственной узуализации необходимо применить эффективные средства. По мнению И.В. Крюковой, для рекламных названий этими средствами являются своеобразные "поддерживающие контексты" [Крюкова, 2004, с. 117].

"Поддерживающий контекст" является одним из типов вербальных контекстов, выделяемых по функции (разрешающий, поддерживающий, погашающий, компенсирующий, интенсифицирующий). Данный тип контекста обеспечивает повторяемость лексической единицы в тексте [Торсуева, 2002, с. 238]. Такими контекстами в области рекламных названий, как определяет И.В. Крюкова, можно считать следующие: оформление названия, выбор субъектами узуализации паралингвистических средств и сохранение постоянного графического облика при письменной фиксации названия на вывесках, обложках, этикетках; включение названия в рекламные тексты, многократное повторение его в данных текстах. Поддерживающий контекст в данном случае определяется как искусственно и целенаправленно созданное вербальное и невербальное окружение рекламного имени, способствующее его ускоренному усвоению языковым коллективом [Крюкова, 2004, с. 117].

Прагматическая информация у рекламного имени передаётся не только через семантическую структуру знака, но и через дополнительные семиотические знаки, поэтому исследование паралингвистических средств в данном случае является необходимым.

Существуют три основных вида паралингвистических средств: фонационные, кинетические и графические. К фонационным паралингвистическим средствам относятся тембр речи, её темп, громкость, типы заполнителей паузы; к кинетическим компонентами относятся жесты, тип выбираемой позы, мимика; к графическим – тип выполнения букв и пунктуационных знаков (почерк), способы графических дополнений к буквам, их заменители (символы типа &, § и т.п.) [Николаева, 2002, с. 367].

По мнению Г.В. Колшанского, паралингвистические средства всегда включаются в контекст как письменной, так и устной речи. Однако роль контекста в письменной речи совершенно особая, так как контекст относится к чисто языковым средствам и является своего рода расширением рамок слова или предложения в случаях, когда значение того или другого может быть установлено в пределах минимальной замкнутой единицы. В письменной речи языковые ситуации строго фиксированы, что даёт возможность при восприятии информации опираться на надежные показатели языковой структуры [Колшанский, 2005, с. 55].

В письменном виде определяющим фактором однозначной коммуникации могут быть не только сами языковые условия, но и такие факторы, участие которых в вербальном (письменном) общении обуславливается их же паралингвистической функцией. В письменном языке употребляются именно такие средства, которые могут быть отнесены к паралингвистическим. Они представляют собой пример внешних по отношению к языку указателей. Такими указателями могут быть в первую очередь некоторые письменные знаки, обычно употребляемые в тексте в грамматической форме, например, восклицательные знаки, многоточие, комбинации восклицательных и вопросительных знаков в паралингвистическом использовании. Сюда же должны быть отнесены различные изображения в тексте: рисунки, чертежи, графики и т.д. [Там же. с. 56].

К паралингвистической графике должны быть отнесены различного рода варианты красочного и шрифтового оформления текста, буквозаменители и другие средства, представленные в письменной форме в тексте, построенном на алфавитной системе письма. Особый шрифт или краска (например, крупный шрифт, неодинаковый размер букв, курсив, толщина, форма и расположение, наложение букв и наложение монограмм, разный цвет) заставляют читателя присоединять к информации, непосредственно извлекаемой из высказывания, мысль о важности, срочности, опасности, безотлагательности некоторого действия [Там же. с. 57].

Наибольший интерес для исследования рекламных имён представляют разнообразные сочетания графического (изобразительного) и словесного компонентов. По мнению И.В. Крюковой, к графическим средствам выражения и передачи информации относятся все несловесные знаки и изображения, всевозможные способы написания букв и слов (неодинаковый размер, шрифт, разный цвет, толщина, форма и расположение, наложение букв и образование монограмм), буквозаменители и другие средства, представленные в письменной форме в рекламных названиях, построенных на алфавитных системах письма [Крюкова, 2004, с. 119].

Перечисленные выше паралингвистические средства выполняют определённые функции, которые, по Е.Е. Анисимовой [2003], разделяются на универсальные и частные. К универсальным функциям относятся аттрактивная, информативная, экспрессивная и эстетическая.

Аттрактивная функция заключается в организации восприятия текста – привлечение внимания адресата, обеспечение чёткости композиционного решения текста и его "удобочитаемости". Являясь сильными зрительными возбудителями, паралингвистические средства притягивают внимание адресата, вызывают в нём готовность вступить в коммуникативный контакт с отправителем текста.

Информативная функция передаёт определённую информацию, которая участвует в формировании содержания текста.

Экспрессивная функция заключается в назначении паралингвистических средств выражать чувства адресанта и воздействовать на эмоции адресата. Невербальные знаки могут становиться источником сильных впечатлений человека.

Эстетическая функция состоит в участии паралингвистических средств в реализации художественного замысла автора, обеспечении эстетического воздействия на адресата.

К частным функциям, по определению Е.Е. Анисимовой, относятся:

1) символическая функция, которая заключается в назначении выражать посредством наглядных образов абстрактные понятия и идеи;

2) иллюстративная функция, которая способствует иллюстрированию вербального компонента;

3) аргументирующая функция, которая выступает в качестве наглядного аргумента в "поддержку", в подтверждение информации, выраженной вербальными средствами;

4) эвфемистическая функция, выступающая в качестве эвфемизма, передавать визуальными средствами информацию, которая в силу известных причин не может быть вербализована;

5) характерологическая функция, с помощью которой паралингвистические средства вызовут у адресата определённые

временные, национальные или социальные ассоциации;

6) сатирическая функция заключается в создании определённого сатирического или юмористического эффекта [Анисимова, 2003, с. 51–59].

И.В. Крюкова считает, что из перечисленных выше функций наиболее важными для создания рекламных имён служат аттрактивная, информативная, экспрессивная (универсальные), иллюстративная, характерологическая, символическая (частные).

По нашим наблюдениям, при создании названий кондитерских изделий используются разнообразные паралингвистические средства, каждое из которых выполняет определённые функции.

В наши дни товары в привлекательной разноцветной упаковке с разными рисунками, знаками, символами окружают нас со всех сторон. В большинстве случаев в начальный момент контакта с продукцией мы ощущаем "атаку" упаковки, которая своим цветом, рисунками, надписями, символами привлекает наше внимание. Это явление ярко представлено в нашем материале.

Для создания названий кондитерских изделий основными паралингвистическими средствами являются рисунки и символы, шрифт, цвет, и форма изделия. Рассмотрим виды паралингвистических средств в составе названий кондитерских изделий в порядке их функциональной значимости.

2.5.2   Рисунки и символы

По определению Б.А. Плотникова, рисунки – это всё то, что выходит из-под кисти или карандаша художника [Плотников, 1992, с. 59]. Символы, представляющие особый вид изобразительных средств, передающих через нечто конкретное что-либо абстрактное, по своему внешнему виду часто являют собой не что иное, как рисунки, контурно или схематично копирующие связанные с ними реалии [Там же. с. 74–75]. Вслед за Б.А. Плотниковым, И.В. Крюкова предлагает не разграничивать символические изображения и рисунки, так как многие рисунки способствуют символическому изображению действительности, обобщенному и типизированному её представлению, а символы (гербы, ордена, мифические герои, некоторые персонажи) зачастую являются подлинно художественными произведениями. То, что Б.А. Плотников называет символами, по мнению И.В. Крюковой, и есть символические рисунки. От собственно символов их отличает предельная конкретность и узнаваемость образов [Крюкова, 2004, с. 122].

Сказанное выше в полной мере относится к названиям кондитерских изделий, так как в них изобразительные и вербальные компоненты составляют коммуникативное целое, которое передаёт общий замысел именующего субъекта и обладает рядом прагматических функций.

В семантике изображения Р. Барт по аналогии со словом выделяет денотативные и коннотативные значения [Цит. по:

Анисимова, 2003, с. 11]. Понимание денотативного значения не представляет для адресата трудности и основывается на антропологических знаниях. Понимание коннотативного значения предполагает наличие у адресата знания культурного кода, социальных связей, национальной специфики, и информация данного значения допускает многовариантность своего толкования [Крюкова, 2004, с. 122–123].

По нашим наблюдениям, большинство рисунков и символов, использующихся при создании названий кондитерских изделий, выполняет иллюстративную функцию, с помощью которой полностью воспроизводит информацию, выраженную в названиях кондитерских продуктов вербально. В этом случае реализуется денотативное значение иллюстративных средств. В большинстве случаев иллюстративные средства сопровождают идентифицирующие непрагматические названия. Так происходит удвоение/умножение информации, содержащейся в вербальном компоненте. Например, в русском материале такие названия, как карамель "*Вишня*" – изображение вишни, шоколадные конфеты "*Бабочка*" – изображение летающей бабочки, шоколад "*Букет*" – букета белых роз; в китайском материале – конфеты "*杏仁糖*" (Миндаль) – изображение миндаля, карамель "*梅子糖*" (Абрикос китайский) – изображение плодов и цветов абрикоса (см. Приложение 1.1).

Однако встречаются иллюстративные средства, сопровождающие символические прагматонимы и уточняющие семантику слова, положенного в основу названия. Например, конфеты "*Маска*" – изображение карнавальной маски, конфеты "*Мишка на севере*" – с изображением большого белого медведя; на карамели "心爱" (Любить сердцем) – изображение сердца, на мармеладе "星愿" (Звёздные пожелания) – изображена звезда (см. Приложение 1.1).

Е.Е. Анисимова считает, что "между вербальным и изобразительным компонентами устанавливается разная степень взаимозависимости, складываются разные виды отношений. Основными видами структурно-семантических отношений между вербальным и изобразительным компонентами являются автосемантические и синсемантические. Для автосемантических характерна автономность, относительная независимость вербального компонента от изобразительного: он обладает смысловой самостоятельностью вне соотношения с изобразительным контекстом. Для синсемантических отношений характерна зависимость вербального компонента от изобразительного: вербальный компонент не обладает смысловой самостоятельностью или не может быть правильно истолкован вне соотнесения с изобразительным контекстом" [Анисимова, 1992, с. 74].

Примером автосемантических отношений между вербальной и изобразительной частями названия могут служить рассмотренные выше названия, которые выполняют иллюстративную функцию. В названии кондитерской продукции для синсемантических отношений между обоими компонентами характерна тесная внутренняя спаянность, без изобразительного компонента невозможно правильно истолковать вербальный компонент. В этом случае рисунки и символы выполняют символическую функцию, т.е. посредством наглядных образов способствуют восприятию абстрактных понятий и идей. Так, например, храм с куполами в форме луковицы в русском названии конфет "*Мой город*". Рисунок храма в этом названии наглядно демонстрирует отношение прагматонима к России, к православию (см. Приложение 1.2).

Иногда рисунок способен конкретизировать и пояснять абстрактное понятие, положенное в основу названия. Такие рисунки сопровождают символические названия. В этом случае реализуется коннотативное значение рисунков и символов, выполняющих символическую функцию. Например, название шоколада "*Вдохновение*" сопровождает изображение танцующей балетной пары, а название китайской конфеты "*发财*" (Обогащение) – изображение старинных китайских монет, "*超强清凉润喉糖*" (Суперосвежающая) – изображение листьев мяты и ледяных гор (здесь в изображении ледяных гор реализуется вербальный компонент "*超强*" – "супер") (см. Приложение 1.2).

В целях усиления эффекта воздействия на покупателя именующий субъект оживляет рисунки, которые выполняют экспрессивную функцию. В этом случае неодушевлённые предметы, явление природы предстают в человеческом образе.

Такое явление, по мнению И.В. Крюковой [2004], называется "очеловечивание" имени. Автор считает, что "в данном случае рекламное имя приобретает дополнительные оценочные значения. Оно уподобляется некому символу, обладающему притягательностью для потенциального потребителя, поэтому рекламируемый объект автоматически оценивается в высшей степени положительно" [Крюкова, 2004, с. 140]. Например, в названии карамели *Груша-дюшес* груша предстает в человеческом образе. В названии карамели *Кофе со сливками* чашка кофе и чашка сливок предстают в человеческом образе: они улыбаются, чашка сливок выливает сливки в чашку кофе. В названии конфет *Ветер морской* природное явление ветер имеет человеческое лицо, дует, подгоняя морские волны. На конфетах "*大白兔喜糖*" (Свадьба большого кролика) изображена свадьба кроликов: один в мужском костюме, а другой в свадебном платье. Изображение на фруктовой карамели "*真品*" (Первоклассные) представляет собой круглого человечка, занявшего первое место. На обёртке шоколадных конфет "*美丽巧克力豆*" (Красивый Какао боб) изображён какао боб с бантиком (см. Приложение 1.3).

Рисунки и символические изображения выполняют и характерологическую функцию, то есть они вызывают у адресата определённые национальные или социальные ассоциации, способствующие формированию в структуре названия национально-культурных коннотаций [Крюкова, 2004, с. 125].

По нашим наблюдениям, характерологическая функция рисунков и символических изображений ярко проявляется в русских и китайских названиях кондитерской продукции.

Для реализации характерологической функции при создании русских названий кондитерских изделий используются рисунки, связанные с региональными особенностями страны. Например, кондитерский комбинат "Кубань" выпускает серию коробок конфет, связанных с курортами Краснодарского края: Краснодара, Сочи, Анапы, Новороссийска, Горячего ключа. На упаковках конфет изображены наиболее известные местные достопримечательности. На коробке конфет "*Краснодар*" изображены памятник Екатерине II, Краснодарский краевой художественный музей им. Ф.А. Коваленко и Краснодарский государственный историко-археологический музей-заповедник им. Е.Д. Фелицына. На коробке конфет "*Сочи*" показан речной вокзал города. На коробке конфет "*Анапа*" изображены дети, которые строят на пляже замок, т.к. Анапа – известный в России курорт для детей. На коробке шоколадных конфет "*Новороссийск*" мы можем видеть корабельный штурвал и круизное судно на море, поскольку Новороссийск является портовым городом. На коробке конфет "*Горячий ключ*" изображён густой лес и скульптурное изображение льва (см. Приложение 1.4).

Аналогичные серии конфет с местными достопримечательностями выпускает кондитерская фабрика им. Крупской, которая находится в г. Санкт-Петербурге. Например, на коробке конфет "*Никольский собор*" изображён Никольский собор в зимнюю пору. Коробка конфет "*Невский проспект*" украшена изображением Казанского собора, который находится на Невском проспекте. На коробке конфет "*Летний сад*" показан угол парка со скульптурами, а на коробке конфет "*Русский музей*" изображён фасад музея (см. Приложение 1.4).

Кроме того, рисунки, сопровождающие русские названия кондитерских изделий, представляют собой копии произведений живописи: на коробке конфет "*Портрет Пушкина*" и "*Портрет Гончаровой*" изображены соответственно А.С. Пушкин и его жена Н.Н. Гончарова (репродукции известных художников В.А. Тропинина и А.П. Брюллова), на упаковке конфет "*Незнакомка*" – фрагмент репродукции известной картины И. Крамского "Портрет неизвестной" (см. Приложение 1.4).

К тому же, существуют целые серии русских кондитерских продуктов, этикетки которых имеют тематический дизайн. Примером может служить серия конфет "*12 подвигов Геракла*", выпускаемая фабрикой "Сибирь". Названия данной серии конфет, связанные с легендами о древнегреческом герое Геракле, имеют общий компонент "подвиг" и переменные компоненты – имена животных, которых ему нужно было победить или добыть ("Немейский лев", "Лернейская гидра", "Стимфалийские птицы", "Киринейская лань" и др.). Рисунок на каждой отдельной конфете отражает историю одного из подвигов великого мифического героя Древней Греции. Например, на конфете

"*Подвиг 'Геракл и Немейский лев'* " запечатлен момент удушения Немейского льва Гераклом; эпизод истребления Стимфалийских птиц отражён на конфете с названием "*Подвиг 'Геракл и Стимфалийские птицы'* " на конфете "*Подвиг 'Геракл и Критский бык'* изображено укрощение Критского быка и др..

Аналогичны примеры с названиями знаков Зодиака. Этикетки конфет данной серии, выпускаемые фабрикой "Сибирь", также имеют тематический дизайн. Прагматический эффект усиливается за счёт астрологического прогноза на обратной стороне упаковки.

Таким образом, проанализировав приведённые выше примеры, можно сделать вывод о том, что рисунки на продукции русских производителей являются не только развлекательными по своему характеру, но и воспитательными. Это подтверждает сделанный раньше вывод о том, что основной адресат названий русской кондитерской продукции – это дети, и создатели рассмотренных контекстов заботятся об их развитии. Однако на взрослого адресата подобные названия также оказывают эмоциональное воздействие, так как вызывают ассоциации национально-культурного плана.

Для реализации характерологической функции при создании китайских названий кондитерских изделий используются рисунки и символы, которые в комплексе с вербальными компонентами несут национально-культурную информацию:

– о свадьбе, например, на конфетах "*天赐良缘*" (Свадебный

подарок судьбы) изображены молодожёны в традиционной китайской свадебной одежде – в длинных красных шёлковых халатах, украшенных цветами. На головах у них специальный национальный головной убор. В названии конфет "*白头偕老*" (Счастливое супружество до самого конца жизни) изображены невеста и жених в национальных свадебных нарядах, лицо невесты покрыто шелковой вуалью (по древней традиции до свадебной церемонии невеста и жених не должны видеть друг друга). На коробке конфет "*喜结良缘*" (Радостно заключить брак) новобрачные в европейской свадебной одежде – невеста в белом платье, а жених в костюме темного цвета (см. Приложение 1.4).

В собранном нами китайском материале часто встречаются изображения дракона и феникса, которые символизируют плодотворный брак, благословленный на успех и процветание. Примером может служить изображение на упаковке карамели "*龙凤喜糖*" (Дракон и феникс). На конфетах "*龙凤胖娃*" (Дракон и феникс приносят здоровых детей) изображены не только дракон и феникс, но и два здоровых цветущих ребёнка – как пожелание для молодожёнов, так как изображения дракона и феникса в Китае являются благословением на рождение мальчиков (см. Приложение 1.4).

– о национальном празднике – празднике Луны. Со времени своего возникновения и до сих пор праздник Луны был одним из важных традиционных праздников в жизни китайского народа. Можно сказать, что он является неотъемлемой частью китайской культуры. Поэтому на коробках специальных праздничных лунных пряников изображены те рисунки и символы, которые ярко отражают культурные особенности праздника Луны. Например, на коробке специальных праздничных лунных пряников "花语秋风" (Язык цветов и осенний ветер) можно видеть полнолуние и красивый лотос, так как праздник Луны отмечается в середине осени. В этот день луна особенно яркая и круглая. Лотос в это время года пышно цветёт. На коробке лунных пряников "月下蝶舞" (Под луной танцуют бабочки) изображены две бабочки, летающие под яркой луной, и цветущие древовидные пионы (см. Приложение 1.4). На этом рисунке посредством пейзажа символически изображаются гармония и спокойствие в душе человека, так как для китайских художников традиционно "…человек '…' есть в действительности средоточие мирового круговорота, подлинное 'сердце мира', он не только храним миром, но и сам хранит его в себе" [Малявин, 1997(а), с. 78]. Кроме того, на этом рисунке пейзажную композицию дополняет и стихотворение о празднике Луны. В данном случае стихотворение имеет печатную форму, а в Древнем Китае стихотворения или надписи, которые дополняли картинки, требовали высокого уровня каллиграфического мастерства, в таких работах в равной мере соединялись талант поэта, живописца и писца [Виноградова, 1988, с. 50].

– о китайской чайной культуре. Например, название халвы

"茶酥" (Чай) сопровождается изображением древних китайцев, которые беседуют за чаем (см. Приложение 1.4). Чай в Китае является неотъемлемой частью культуры, следовательно, его приготовление считается поддержанием здоровья и бодрости душевного состояния человека в повседневности. Так появились не только чаепитие на каждый день, но и изысканные способы для исключительных случаев.

В целом можно отметить, что в отличие от российских иллюстраций, китайские паралингвистические элементы в структуре названия более символичны. Как отмечают многие исследователи китайской живописи, в китайском искусстве образ мира никогда не мыслился китайскими мастерами как отражение действительности, он, прежде всего, имел символическое значение и был призван указывать на незримые глубины опыта [О.Н. Глухарева 1952, Л. Кузьменко 1980, М.Е. Кравцова 1999, Е.С. Пятковская 2009].

Итак, результат анализа рисунков и символов на китайских кондитерских изделиях показал, что изобразительные компоненты китайских названий не только наглядно представляют культуру Китая, но и усиливают воздействие вербальных компонентов на адресата, возбуждают его потребительский интерес к товарам.

Рассмотрев рисунки и символы в названиях русских и китайских кондитерских изделий, мы выделили 4 функции рисунков и символов: иллюстративную, символическую, экспрессивную и характерологическую. Первые 3 функции равномерно представлены в русском и китайском материале, а характерологическая представлена в том и другом материале, но по-разному: рисунки и символы в названиях русской кондитерской продукции отражают региональные особенности страны (достопримечательности) или представляют собой копии произведений живописи (портреты известных личностей, изображения древних мифологических персонажей и др.); рисунки и символы в названиях китайских кондитерских изделий связываются с национально-культурными особенностями и традиционными обрядами: свадьбой, праздниками и китайской чайной церемонией. Для правильного понимания паралингвистических компонентов в китайских названиях в большей степени требуются фоновые знания.

Внимательное изучение этих рисунков и символов позволяет получить более полное представление об образе жизни русского и китайского народа и их картине мира.

В заключение отметим, что многие паралингвистические средства в составе названий кондитерской продукции выполняют одновременно несколько функций. Например, репродукция известной картины И.И. Шишкина "Утро в сосновом бору" на упаковке конфет "*Мишка косолапый*" выполняет иллюстративную функцию (на этикетке изображены неуклюжие медвежата, которые играют в глухом уголке соснового бора), характерологическую (обращение к фоновым знаниям носителей русской лингвокультуры: с детства знакомых с данной картиной) и экспрессивную (оживлённая картинка, привлекающая внимание покупателя и вызывающая приятные ассоциации). Что касается китайского материала, то на упаковке конфет "喜" (Свадебные) фигурируют иероглиф "囍" (двойная радость), образы дракона и феникса, парные надписи, что всё вместе выполняет иллюстративную функцию, характерологическую (обращение к фоновым знаниям носителей китайской лингвокультуры, так как иероглиф "囍" – двойная радость является эмблемой китайской свадьбы) и экспрессивную (сочетание картинки и надписи, усиливающее эффект воздействия на адресата) (см. Приложение 1.5).

2.5.3   Цвет

Достоверно установлено, что цвет способен воздействовать на психику человека, он может привлекать и отталкивать, вселять чувство спокойствия и комфорта или возбуждать и тревожить. Психологи утверждают, что четыре основных цвета (синий, зелёный, красный и жёлтый) соответствуют четырём базовым социально-психологическим потребностям личности, от удовлетворения которых зависит её внутренняя стабильность и целостность: темно-синий – потребность в покое, зелёный – в самоутверждении, красный – в активности, жёлтый – в перспективе [Веккер, 1981].

Различные цвета применяются не только в изображении,

но и в графике. Это явление ярко отражено в рекламных названиях. В некоторых случаях разными цветами выделяются не только сами названия, слова из названий, но и буквы одного и того же слова. По нашим наблюдениям, цвет является одним из важных элементов русских и китайских названий кондитерских изделий. К его функциям в анализируемых названиях относятся: эстетическая и экспрессивная, характерологическая, иллюстративная.

Цвет в названиях кондитерских продуктов, прежде всего, выполняет экспрессивную функции, так как создатель названий стремится воздействовать на эмоции адресата, повысить его потребительский интерес к данному товару, а цвет способствует этому. В этом случае цвет не имеет прямого отношения к значению названия, но создаёт благоприятные условия для его восприятия. Например, в названии русских конфет "*Вечерняя звезда*" слово "звезда" окрашено различными цветами, что создаёт яркий и запоминающийся образ; в названии карамели "*Снопик*" надпись выполнена в разноцветной гамме; чередуются красный и жёлтый цвета в названии конфет "*Зернушка*", их контрастное сочетание позволяет активизировать восприятие данного названия; название конфет "*Молодёжные*" окрашивается в разные цвета – красный, жёлтый, синий. Подобным примером могут служить следующие китайские названия: в названии молочных конфет "*АОКО*" используются жёлтый и красный цвета, название шоколадно-молочных конфет "*我爱你*"

(Я люблю тебя) окрашено различными цветами, которые вызывает у адресата приятное ощущение (см. Приложение 2.1).

Однако, как показал анализ материала, разноцветные названия преимущественно используются при создании русских названий кондитерских изделий, так как русский создатель в большей степени тяготеет к эмоционально привлечению внимания адресата.

Стоит отметить, что цвет в рекламных названиях, предназначенных для детской аудитории, имеет особое значение, так как цвет – это яркая сторона детства. Дети любят цвета, реагируют на них, играют и увлекаются ими. М. Дерибере в своей книге цитирует исследователя Томе, который утверждает, что "цвет оказывает на детей благотворное влияние, а потому цвет может и должен быть использован в создании условий их жизни и той атмосферы, которой взрослые желают их окружить" [Дерибере, 1964, с. 148]. Как отмечает И.В. Крюкова, при создании прагматонимов и гемеронимов для детей часто используются несколько контрастных цветов, и в таких названиях цвет выполняет, в первую очередь, экспрессивную функцию – восприятие названия призвано доставлять детям радость [Крюкова, 2004, с. 128–129]. Примером могут служить русские и китайские названия кондитерских продуктов, при создании которых широко применяются контрастные цвета. Например, в русском названии шоколада *Весёлые зверята* используются три контрастных цвета – зелёного, жёлтого и оранжевого, а название леденца *"Веселинка"* окрашивается в 5 различных цветов – розовый, оранжевый, жёлтый, зелёный и синий. Эти цвета воспринимаются детьми как более весёлые. Однако иногда название кондитерской продукции выделяется одним цветом, например, в оформлении названия шоколада *"Мишенька"* используется розовый цвет, который предпочитает большинство маленьких детей. Аналогичный китайский пример: четыре контрастных цвета – жёлтый, зелёный, синий и красный встречаются в названии халвы для ребёнка *"BOBO"* (см. Приложение 2.1).

Однако в некоторых случаях цвет в названиях кондитерских изделий имеет прямое отношение к значению названия и выполняет иллюстративную функцию: "лимонные" – жёлтый цвет, "апельсиновые" – оранжевый, "яблочные" – зелёный и т.п. Иллюстративную функцию цвет выполняет в непрагматических названиях, прямо указывающих на состав кондитерских продуктов. Например, название русской карамели *"Клубника со сливками"* окрашивается в красный цвет, который совпадает с природным цветом клубники; в названии карамели *"Кофе со сливками"* используется коричневый цвет, который так же присущ кофе. В названиях китайских помадок "红豆" (Красная фасоль) и "绿豆" (Маш) используется красный и зелёный цвета, которые имеют красная фасоль и маш (см. Приложение 2.2).

Цвет в разных лингвокультурах несёт особый символический смысл. Цвет вырастает до уровня универсального символа, воплощает культурные потенции общества, фиксирует его традиции и законы [Пятковская, 2009, с. 106]. Иначе говоря, цвет выполняет характерологическую функцию. В связи с этим цвет в русских и китайских прагматонимах воспринимается по-разному. Ярким примером служат красный и жёлтый цвета. Красный цвет в символике русской культуры не только означает активность, страсть, силу, агрессию [Базыма, 2001], но и означает "красивый", поэтому рекламисты придают большое значение красному цвету. Поэтому данный цвет широко применяется при создании таких названий кондитерских изделий, как конфеты "*Первая встреча*", "*Феникс*", шоколад "*I Love you*", "*Love story*", карамель "*Забияка*", шоколадные вафли "*Отломи!*". Жёлтый цвет в русской культуре не имеет такого символа, значения, но вызывает приятные ощущения и символизирует движение, радость и веселье [http://www.passion.ru/etiquette.php/vr/16/]. Например, русские названия конфет "*Парад*", "*Топтыжка*", "*Три желания*", "*Эксклюзив*" (см. Приложение 2.3).

В китайской культуре красный цвет традиционно символизирует счастье, удачу [http://www.studa.net/yingyu/080523/08455936.html]. Поэтому он часто используется для создания названий кондитерских продуктов, связанных со свадьбой и национальными праздниками. Например, упаковки национальных праздничных лунных пряников "缤纷庆喜事" (Весело встретим праздник), "喜迎门" (Радость приходит), "秋月" (Осенняя луна), "十全十美" (Верх совершенства), "醉花

月" (Ночной пейзаж) окрашены в красный цвет. Жёлтый цвет
в символике китайской культуры имеет особое значение, так
как в Древнем Китае этот цвет являлся символом императора и
императорской семьи, кроме них никто не имел права использовать этот цвет [Там же]. В современном Китае жёлтый цвет –
это цвет золота, считается символом богатства, например, названия лунных пряников "尊贵之礼" (Дорогой подарок), "荣华
富贵" (Роскоши и богатства), "金秋祝福" (Пожелание от золотой осени), название печенья "寸金" (Кусочек золота) (см. Приложение 2.3).

Таким образом, символические значения цвета в русской и
китайской лингвокультурах отличается друг от друга. Это объясняется связью цвета с народными верованиями и нормами.
Гармонизируя с содержанием вербального компонента, цвет
усиливает прагматическое воздействие названий кондитерских
изделий на адресата.

2.5.4 Шрифт

Шрифт – это форма буквы в печатном тексте; типографи-
ческие буквы и др. [Лопатин, Лопатина, 2000, с.802].

Ю.Я. Герчук определяет шрифт как художественную ин-
терпретацию алфавита [Герчук, 1989, с. 25]. По мнению А.
Капр [1979], шрифт как зримая форма языка является носителем не только семантической информации, но и эстетической
[Там же. с. 11].

По нашим наблюдениям, шрифтовая графика широко применяется в оформлении названий кондитерских изделий. В данном случае шрифт является необходимым элементом русских и китайских названий кондитерских изделий и выполняет следующие языковые функции: эстетическую, характерологичесую, экспрессивную и иллюстративную.

Эстетическая функция шрифта считается основной, по мнению И.В. Крюковой, так как именующий субъект стремится вызвать приятные ощущения у адресата, поразить его воображение [Крюкова, 2004, с. 130].

Другой важной функцией шрифта является характерологическая. Данная функция основана на способности шрифта вызывать у адресата определённые национальные и временные ассоциации. Примером использования шрифта в характеорологической функции может служить применение шрифтов, имеющих культурно значимые стилевые признаки. В нашем материале характерологическая функция сочетается с иллюстративной: культурно-значимая вербальная часть поддерживается культурно-значимым шрифтом. Например, арабский шрифт встречается в названиях русских кондитерских продуктов (конфеты "Алжан", "Халва", "Храбрый Аладин"). В данном случае названия, выполненные арабским шрифтом, ассоциируется у адресата с восточной культурой, что усиливает воздействие вербальной части названия. В оформлении некоторых названий русских кондитерских продуктов исполь-

зуется славянская вязь, как правило, это прагматонимы с национально-культурными коннотациями (печенье "*Боярушка*",
вафли "*Былина*", конфеты "*Славянский узор*"). Славянская вязь
на упаковке русских кондитерских изделий вызывает у адресата ассоциацию с многовековой русской письменной традицией,
служит созданию исторического колорита. Аналогичные китайские примеры: на упаковках конфет "囍" (Двойное счастье для
новобрачных) и карамели "*招财进宝*" (Пожелание финансового
благополучия) можно видеть шрифт в виде сложного по структуре словосочетания, объединённого в один иероглиф. Для
создания некоторых китайских прагматонимов применяются
живописные иероглифы – 花鸟画 (huaniaohua), то есть рисунок,
выполненный в особом стиле китайской живописи, преимущественно с изображением растений, цветов, птиц, насекомых и
рыб. При близком рассмотрении рисунок представляет собой
пейзаж, а издалека различаются формы иероглифов. Это один
из видов китайской каллиграфии, который является видом народного творчества. Например, в названии лунных пряников
"福礼" (Счастливый подарок) вербальный компонент "礼" вы-
полняется в стиле живописных иероглифов: при близком рассмотрении рисунок представляет собой летящего феникса (см.
Приложение 3.1.1).

Китайская каллиграфия – 书法 (shufa), насчитывающая
пять тысяч лет, считается важным искусством, утончённой
формой живописи. Китайская каллиграфия развивалась от ри-

сунка, обозначения, объекта к стереотипии, от классической большой китайской печати к малой печати, от печатного шрифта к официальному шрифту, прямому шрифту, беглому шрифту и курсивному шрифту и постепенно другим вариантам письма. Постепенно китайская каллиграфия развилась в оригинальный национальный шрифт. Искусство каллиграфии реализуется посредством черт, выполняемых с помощью традиционных письменных принадлежностей, называемых "文房四宝" (четыре сокровища кабинета – кисти, туши, бумаги и тушечницы).

За многие столетия существования этого вида искусства китайские каллиграфы создали различные стили письма, выбор которых отсылает к определённой исторической эпохе. Выделяются 5 классических стилей письма: 篆书 (чжуаньшу), 楷书 (кайшу), 隶书 (лишу), 行书 (синшу), 草书 (цаошу).

Письмо – 篆书 (чжуаньшу) впервые появилось в Династии Цинь (221 г. – 206 г. до н.э.). В письме стиля чжуаньшу все черты – как вертикальные, так и горизонтальные – тонкие и стройные, их концы слегка заострены. В это время существовало два основных варианта чжуаньшу – 大篆 (большой чжуань) и 小篆 (маленький чжуань). Большой чжуань отличался от маленького чжуаня ещё более округлыми чертами, своей несколько большей строгостью.

Письмо – 楷书 (кайшу) возникло в Династии Северной Вей (386 г. – 534 г. н.э.). По сравнению с другими стилями письма письмо – кайшу получило широкое распространение.

Сегодня его называют 正楷 (стандартный кай), которое является-
ся стандартным написанием иероглифов.

Письмо – 隶书(лишу) возникло в эпоху Хань (206 г. до н.э. –
220 г. н.э.). Для данного стиля письма характерны жесткость
структуры иероглифов и строгая перпендикулярность горизон-
тальных и вертикальных черт.

Письмо – 行书 (синшу) занимает промежуточное положение между стандартным письмом и скорописью. Ему не
свойственна ни угловатость лишу, ни округлость чжуаньшу.
Его можно считать разновидностью кайшу. Так как иероглифы,
написанные этим стилем, ассоциируются с образом идущего
человека, поэтому он получил название «ходовое письмо». В
эпоху Восточная Цзинь (317 г. – 420 г. н.э.) выдающийся калли-
граф – Ван Сичжи развил его до совершенства.

Письмо – 草书 (цаошу) возникло в Династии Тан (618 г. –
907 г. н.э.). Данный стиль письма является одним из различных
видов скорописи. Цаошу присущи упрощённость, экономность,
плавность, безотрывность и быстрота написания. Иероглифы,
написанные в стиле – цаошу, зачастую выглядят неразборчиво.
Следовательно, из всех пяти классических стилей каллиграфии
цаошу наиболее близок к абстрактному искусству [http://baike.
baidu.com/view/3250421.htm].

Из перечисленных выше стилей письма при создании
китайских названий кондитерских изделий преимущественно
используется 行书 (синшу). Примером могут служить лунные

пряники "三峡月" (Луна в Санься), "中秋饼香" (Вкусные пряники праздника Луны), "老味道" (Старый знакомый вкус), "莲月飘香" (Лотос под луной несём благоухание). А название лунных пряников "雅趣" (Изысканное настроение) в стиле сишу написаны кистью. Кроме синшу также используются остальные стили письма и их сочетания. Например, название лунных пряников "福满金秋" (Золотая осень заполнена счастьем) написано в стиле 小篆 (маленького чжуаня), "荷塘月色" (Пруд лотоса под луной) в стиле 隶书 (лишу) написано кистью, "吉祥" (счастье) – в стиле 楷书 (кайшу), "老回味" (Старое вспоминание) – в стиле 草书 (цаошу), использование цаошу и кайшу в названии "秋知韵" (Осень имеет своё очарование): иероглиф "秋" написан в стиле цаошу, а иероглифы "知韵" – в стиле кайшу (см. Приложение 3.1.2).

Экспрессивная функция шрифта, как отмечает И.В. Крюкова, связывается со стремлением автора названий к интимизации общения. Для этого применяется рукописный шрифт, т.е. письмо от руки, которое является одним из маркеров разговорной речи в письменной коммуникации. Выбор данного шрифта способствует установлению эмоционального контакта с адресатом [Крюкова, 2004, с. 131].

Отметим, что стилизация письма от руки чаще всего используется при графическом оформлении названий русской и китайской кондитерской изделий, вербальные части которых относятся к разным структурно-семантическим типам. Например, русские конфеты *"Банкет"*, карамель *"Ивушка"*, шоколад *"В подарок"*, китайские помадки "齐纯" (Красивые и натуральные), "心动" (Стук сердца), конфеты "好合" (Счастливое бракосочетание), подарочные конфеты "家家乐" (Радость в каждом доме) (см. Приложение 3.2).

В Китае каллиграфия ценилась особенно высоко, как искусство сообщить графическому знаку эмоционально-символическое значение, передать в нём как сущность слова, так и мысли и чувства каллиграфа. С этой целью в оформлении китайских названий кондитерских продуктов часто используется упрощённая китайская каллиграфия. Стилистика каллиграфии тяготеет либо к ясности очертаний, возможно чтения на расстоянии, например, название лунных пряников "赏秋品月" (Наслаждаться осенью и любоваться луной), либо к экспрессивному скорописному курсиву, как название лунных пряников "秋月" (Осенняя луна).

Для выполнения иллюстративной функции шрифта применяется приём контрастности, которая встречается не только при сочетании разных цветов в одном названии, но и при расположении больших букв рядом с маленькими, а также курсивного шрифта на фоне печатного. Например, в названии жевательных молочных конфет "奶Q" (Молочные) буква Q по звучанию ассоциирующаяся с жеванием, на упаковке шоколада "爱你一万年" (Буду любить тебя тысячу лет) иероглиф "你" (ты) выделены с помощью уменьшения. Таким образом, иллюстративная функция шрифта связана с выделением в названии важных смысловых частей (см. Приложение 3.2).

Наблюдается вторжение прописной буквы в середину слова, совершенно неприемлемое в орфографии общей лексики. Например, в названии русских конфет "*СладкоЁжка*" буква ё резко выделяется из его окружения, создает такой зрительный эффект, который усиливается благодаря изображению ёжика. Аналогичный китайский пример – в названии свадебного шоколада "大喜日子" (Самый радостный день) иероглиф 喜 выделяется из окружения, с помощью изображения красными пионами (символ благополучия и радости) передаёт важную смысловую часть названия – радость (см. Приложение 3.2).

В последнее время модной тенденцией в области рекламных имен является соединение русской и латинской графики, или китайского иероглифа и латинской буквы в одной номинативной единице. Например, в названии конфеты "*Сокровища NUTции*" создано новое слово, выделяется часть данного слова с помощью латинскими буквами. Такое выделение придаёт многоплановость: привлекает внимание, т.е. выполняет экспрессивную функцию, и сообщает о составе продукта, т.е. выполняет иллюстративную функцию (слово "NUT" переводится как "орех", а орехи входят в состав конфет этой серии). На упаковке китайских жевательных резиновых конфет "*eQ乐*" соединяются иероглиф 乐 и латинские буквы e, Q, которые сообщают о составе продукта (содержит витамин E) и его вкусе (с помощью латинской буквы Q метафорически описывают жевательные резиновые конфеты) (см. Приложение 3.2).

Помимо этого при создании русских названий кондитерских продуктов используются особые приёмы привлечения внимания адресата-ребёнка. Например, название конфет *"Абалдеть"*, в котором слово было написано как "обалдеть", но затем в нем зачеркнули первую букву и подписали букву "А", т.е. намеренно сделали орфографическую ошибку. На упаковке карамели *"Мульти-Фрутти для девочек"* "для девочек" пишется ровными буквами в клеточках, которые ассоциируются со школьными прописями (см. Приложение 3.2).

Таким образом, шрифт является необходимым элементом русских и китайских названий кондитерских изделий. При создании названий кондитерской продукции в обеих странах шрифт упрощает и ускоряет понимание, делает его адекватным тому, что хотел сказать адресант. В китайском материале преобладает характерологическая функция, а в русском – экспрессивная с использованием различных видов языковой игры со шрифтом.

2.5.5　Форма изделия

Кроме перечисленных выше паралингвистических средств, прагматический эффект, выраженный вербальной частью прагматонима, усиливает ещё и такой паралингвистический компонент, как форма изделия. Это ярко представлено в названиях русских и китайских кондитерских продуктов. Например, русское печенье *"Звёздный мишка"* имеет форму медвежонка, карамель *"Петушок на палочке"* – форму петушка, русские леденцы на палочке *"Рыбки"* – форму рыбы, мармелад *"Динозавры"* – форму динозавра, китайский шоколад *"足球巧克力"* (Футбольный мяч) имеет форму мяча, конфеты *"手表糖"* (Часы) – форму часов, леденцы *"鲤鱼"* (Карп) – форму рыбы (см. Приложение 4.1).

Проведённые выше примеры демонстрируют иллюстративную функцию, которую выполняет форма изделия. С помощью яркой наглядности форма кондитерских изделий полностью подкрепляет информацию, выраженную вербальной частью названия.

Другой важной функцией формы кондитерских продуктов является экспрессивная, которая проявляется в способах изображения, привлекающих внимание и вызывающих определённые чувства у адресата. В данном случае форма изделия не только дублирует, но и дополняет информацию, содержащуюся в вербальной части прагматонима. Примером может служить русский фигурный шоколад *"Белка"* (белка ест орех), *"Пара голубей"* (два влюблённых голубя сидят на ветках роз), *"Медведь"* (Медведь ревёт), *"Ангелы"* (два ангела играют на музыкальных инструментах). Аналогичные китайские примеры – фигурный шоколад *"圣诞雪橇车"* (Новогодние сани) – санки, переполненные подарками, *"复活节彩蛋"* (Пасхальные яйца) – яйца, украшенные сверху двумя кроликами, "牵手" (Держитесь за руки) – два медведя держат друг друга за руки (см. Приложение 4.2).

Форма кондитерских изделий выполняет ещё и эстетическую функцию, которая, применительно к креолизированным текстам, состоит в том, чтобы в наглядных, чувственно воспринимаемых образах реализовать художественный замысел художника, воздействовать на эстетические чувства адресата [Анисимова, 2003, с. 51]. Об эстетической функции формы кондитерской продукции говорить можно только в особых случаях, когда форма изделия приближается к эталону произведения изобразительного искусства. Например, в уникальном парке-музее сладостей в Пекине выставлены шоколадные воины из гробницы Цинь Шихуана, копия Великой китайской стены, китайские чайные приборы и другие сладкие копии нефритовых статуэток, китайского фарфора, живописи. По словам организаторов выставки, аналога подобного парка нет нигде в мире [http://www.rian.ru/video/20100129/206909770.html] (см. Приложение 4.3).

В целом можно отметить, что наличие определённой формы кондитерских изделий, подкрепляющей и дополняющей вербальную часть названия, в большей степени свойственно китайским прагматонимам.

2.5.6   Манипулятивная функция паралингвистических средств

В разделе 2.4 мы отметили, что в зависимости от подъёма в области экономики в России и Китае появляется много новых названий кондитерских изделий, некоторые из которых очень похожи на привычные с детства старые названия. Эти новые названия, как мы заметили, выполняют манипулятивную функцию. Однако в данном случае манипуляция не является прямым обманом, это – борьба за качество продукции. Чтобы новые названия максимально походили на старые, усиливали манипулятивное воздействие на адресата, необходим паралингвистический поддерживающий контекст [см. раздел 2.4]. Можно сказать, что при сочетании с вербальным компонентом названия изображение на упаковке кондитерских продуктов выполняет не только перечисленные выше паралингвистические функции, но и манипулятивную функцию.

Сопоставив изображения и вербальные компоненты названий русских и китайских кондитерских изделий, мы выделили четыре вида их сочетания, выполняющие манипулятивную функцию:

1) полная замена паралингвистической части – частичное изменение вербальной части. Например, изображение играющих медвежат в сосновом бору на упаковке давно известных русских конфет "*Мишка косолапый*" (в разговорной речи их часто называют просто "Мишка"), а в похожих названиях конфет

"*Русский мишка*" и "*Умный мишка*" изменяется атрибутивный компонент известного названия конфет "*Мишка косолапый*": слово "косолапый" заменяется словами "русский" и "умный". Что касается изображения, то вместо известной картины И.И. Шишкина "Утро в сосновом бору" изображён спящий медвежонок ("*Умный мишка*") и медвежонок с бочкой мёда ("*Русский мишка*"). Старое название китайской халвы "*大虾酥*" (Большой рак) сопровождается изображением рака, а в новом названии халвы "*虾酥*" (Рак) частично изменяется вербальная часть старого названия, а знакомое изображение рака заменяется иероглифом "囍", внешне напоминающем рака, но имеющем значение – две радости (косвенное указание на предназначение – для свадьбы) (см. Приложение 5.1);

2) частичная замена невербальной части – частичное изменение названия. В данном случае примером может служить название русских конфет "*Ананасные*", на упаковке которых изображён ананас. На основе этого названия с помощью усложнения конструкции создаётся новое название конфет "*Ананасный каприз*", изображение которого частично изменилось по сравнению с прежним названием: ананас предстаёт в человеческом образе (имеет черты лица). Аналогичный китайский пример – золотистая обезьянка в костюме на упаковке молочных конфет "*金丝猴*" (Золотистая обезьяна), а новое название конфет "*调皮猴*" (Хитрая обезьяна), созданное с помощью замены атрибутивного компонента, сопровождает изображение

золотистой обезьянки без костюма (см. Приложение 5.2);

3) сохранение паралингвистического облика – частичное изменение названия. Например, на известных конфетах *"Ласточка"* изображена летящая ласточка, точно такая же картинка обнаружена в названии конфет *"Дивная ласточка"*. Здесь полностью сохраняется изображение прежнего названия конфет, частично изменяется вербальная часть названия. На упаковке известных китайских молочных конфет *"大白兔"* (Большой кролик) изображён симпатичный кролик, подобный рисунок в неизменном виде сохраняется в названии молочных конфет *"大奶兔"* (Большой молочный кролик), но частично изменяется вербальный компонент нового названия (см. Приложение 5.3);

4) сохранение паралингвистического облика – полное изменение названия. В этой случае ярким примером служит название русских конфет *«Кара-Кум»*, на упаковке которых изображены верблюды в пустыни. В нынешнем названии конфет *«Корабли пустыни»* в полной мере сохранилась прежняя картинка – верблюды в пустыни, но название конфет полностью изменилось. Аналогичный китайский пример – название помадки *"高丽人参糖"* (Корейский Жэньшэнь) и новое название помадки *"硬糖"* (Твёрдая конфета): на упаковке нового названия сохраняется изображение ветки жэньшэня.

Итак, манипулятивная функция при сочетании паралингвистических и вербальных компонентов названий практически равномерно представлена как в русском, так и китайском материале. Это объясняется тем, что при создании таких названий русские и китайские адресанты применяют в одинаковом соотношении лингвистические и паралингвистические средства. При этом сходные экономические ситуации и законы рынка в обеих странах способствуют созданию таких названий, вербальная и невербальная части которых, дополняя друг друга, выполняют манипулятивную функцию. Их сочетание максимально эффективно воздействует на психику покупателей и повышает конкурентоспособность товара.

Подобные манипуляции при создании и оформлении названий кондитерских изделий рассчитаны, прежде всего, на взрослого адресата, имеющего не только многолетний опыт потребления конкретных видов кондитерской продукции, но и визуальные представления о том, как должен выглядеть тот или иной продукт.

Выводы по второй главе

Во второй главе был проведён сопоставительный анализ русских и китайских прагматонимов (названий кондитерских продуктов) с позиции прагмалингвистики.

С опорой на существующие в прагмалингвистике положения о коммуникативной ситуации, мы определяем номинативную ситуацию присвоения названий товарам как разновидность типизированной ситуации, которая относится к сфере искусственной номинации, принадлежит к институированной сфере и разворачивается в рамках торгово-экономической деятельности. Режим осуществления номинативной деятельности в данной ситуации характеризуется как речевой акт-установление декларативного типа, когда новое название целенаправленно изобретается и императивно закрепляется за каким-либо образцом продукции. Номинативная ситуация включает в себя 3 основных компонента: именующий субъект, именуемый объект и адресат. И все эти компоненты представлены в названиях русских и китайских кондитерских изделий.

Несмотря на различия между объёмами производства и традициями потребления кондитерских изделий в России и Китае, русские и китайские кондитерские продукты можно рассматривать как единый объект номинации. Следовательно, под объектом номинации в кондитерской промышленности понимаются виды сахаристого (карамель, ирис, пастила, мармелад, халва, шоколад, разные виды конфет) или мучного (печенье, пряники, вафли, кексы, пирожные, торты) кондитерского изделия. Данные кондитерские продукты создаются в соответствии с глобальными тенденциями и с национальными традициями русских и китайских потребителей, имеют упаковку и постоянное название. Серийные выпускаемые изделия в этом случае рассматриваем как единичные, так как право на владение определённым видом кондитерского изделия индивидуализируется и императивно закрепляется в специальных законодательных актах. Анализ количества производства и потребления кондитерских продуктов в России и Китае показал, что китайские кондитерские изделия относятся к лакомствам, в отличие от русских кондитерских изделий они не предназначены для повседневного потребления, их производство является сезонным и приурочено к праздникам.

Анализ нашего материала показал, что в названиях кондитерских продуктов чётко прослеживаются номинативные интенции именующего субъекта. Мы условно выделяем две группы прагматонимов – отобъектные (конкретные сведения о кондитерских изделиях: место производства продукта, состав, форма продукта и качество продукта) и отадресатные (ориентация на возраст и национально-культурные особенности потенциальных потребителей кондитерской продукции).

Сопоставительный анализ тематических групп прагматонимов показал, что, во-первых, при создании названий кондитерских продуктов русские именующие субъекты в большей степени обращают внимание на топографические характеристики (место производства), а китайские – на состав и форму изделий; во-вторых, русские и китайские именующие субъекты имеют разные возрастные и национально-культурные предпочтения: китайские именующие субъекты в большинстве случаев тяготеют к материальной культуре и народным традициям, а русские – к духовной культуре, ориентируясь при этом на адресата-ребёнка.

Анализ лингвистических способов реализации прагматических принципов создания названий кондитерских изделий проводился, исходя из понятия прагматического принципа (т.е. из предпосылки осуществления говорящим определённого коммуникативного намерения). В данном случае мы выявляем три основных прагматических принципа создания русских и китайских названий кондитерских изделий: принцип аффективности, принцип эстетичности и принцип языковой игры. Такой подход обусловил деление всего проанализированного корпуса названий на непрагматические (воздействие на адресата логическим путём) и прагматические (воздействие на адресата через его ассоциации и эмоции).

Русские и китайские непрагматические и прагматические названия кондитерских изделий исследовались в количественном и качественном направлениях. Количественный анализ показал преобладание прагматических названий: 83% русских и 78% китайских прагматонимов. Качественный анализ показал, что каждому прагматическому принципу соответствуют определённые способы номинации.

Для реализации принципа аффективности используются практически все отмеченные ранее способы номинации, но преобладающими являются лексико-синтаксические способы (разные виды словосочетания и предложения), т.к. развитие коммерческих названий в современном обществе способствует выбору наиболее сложных языковых конструкций для их создания.

Принцип эстетичности проявляется преимущественно на фонетическом уровне. Анализ показал, что фонетические способы широко применяются у русских прагматонимов. Это подтверждает сделанный ранее вывод, что потенциальными потребителями русских кондитерских продуктов являются дети. Для создания китайских прагматонимов используется лишь один фонетический способ – повтор, т.к. с одной стороны, восприятие у носителей китайской лингвокультурологии рекламной информации является преимущественно визуальным, с другой стороны, названия китайских кондитерских продуктов ориентируются на взрослого потребителя.

Принцип языковой игры у русских и китайских прагмтонимов не занимает ведущей позиции, для реализации данного принципа употребляются только отдельные виды каламбура. При создании китайских названий кондитерской продукции используется лишь один вид фонетического каламбура с использованием омофонов, а при создании русских прагматонимов – каламбур на словообразовательном уровне с использованием суффиксации и телескопии.

Кроме вышеуказанных прагматических принципов отмечается ещё и манипулятивный принцип, который заключается в создании новых прагматонимов, внешне напоминающих старые, широко известные названия. Для реализации данного принципа используются следующие лингвистические средства: изменение атрибутивного компонента старого названия, усложнение конструкции, упрощение конструкции, подбор названий, относящихся к одной тематической группе. Эти лингвистические средства равномерно представлены у русских и китайских названий кондитерских изделий. В манипуляциях с русскими и китайскими названиями кондитерских изделий нет прямого обмана, т.к. они созданы на основе ранее не зарегистрированных сортовых названий.

Прагматический эффект названий кондитерских изделий усиливают следующие паралингвистические средства: рисунки и символы, шрифт, цвет, и форма изделия. Дополняя вербальную часть прагматонимов, они выполняют определённые функции: иллюстративную, символическую, экспрессивную, характерологическую, манипулятивную.

В целом анализ паралингвистических средств позволил сделать вывод о том, что особенности китайской каллиграфии и преимущественная ориентация на взрослого потребителя определяют многофункциональность и прагматическую значимость шрифта в формлении китайских названий кондитерских продуктов. Ориентация на потребителя-ребёнка определила особую значимость рисунка и цвета в оформлении русских названий кондитерских изделий.

Некоторые сочетания лингвистических и паралингвистических средств при создании названий кондитерских изделий выполняют манипулятивную функцию. Мы выделяем четыре вида таких сочений: 1) полная замена паралингвистической части – частичное изменение вербальной части; 2) частичная замена невербальной части – частичное изменение названия; 3) сохранение паралингвистического облика – частичное изменение названия; 4) сохранение паралингвистического облика – полное изменение названия.

Материал исследования позволил сделать вывод о том, что при создании таких названий русские и китайские именующие объекты применяют в одинаковом соотношении лингвистические и паралингвистические средства. Их сочетание максимально эффективно воздействует на психику покупателей и повышает конкурентоспособность товара.

Таким образом, комплексный анализ лингвистических и паралингвистических средств прагматизации китайских и русских названий кондитерских изделий позволяет получить более полное представление об образе жизни русского и китайского народов и их картине мира.

ЗАКЛЮЧЕНИЕ

В результате сопоставительного изучения русских и китайских названий кондитерских изделий мы пришли к следующим основным выводам.

Анализ истории становления и развития товарных знаков в России и в Китае показал сходное историко-экономическое развитие стран, которое значительно влияет на активизацию в области коммерческой номинации. Например, на начальном этапе развития коммерческой номинации в России и в Китае названия товаров имели только описательный характер. Лишь в конце XIX – начале XX в.в. под влиянием западной культуры коммерческая номинация в обеих странах получило широкое распространение. В это время вышли законы о товарных знаках, знаках обслуживания и наименованиях мест происхождения товаров.

Появление большого количества названий привлекло внимание русских и китайских лингвистов. В современных исследованиях по ономастике товарные знаки рассматриваются как периферийный разряд ономастической лексики, относящийся к рекламным именам, т.к. им свойствены все черты, которые характеризуют периферию: индивидуализация целых серий однотипных объектов, слабая структурированность и системность, изменчивость и недолговечность, свободное обращение с языковым материалом. Эти универсальные свойства товарных знаков определяют особенности их номинации. Для их обозначения используются специальный термин – "*прагматоним*", под которым в настоящей работе понимается любое словесное обозначение марки товара или вида предлагаемых услуг, охраняемое законом. Эти словесные обозначения, относящиеся к классу рекламных имён собственных, сочетаются в разных пропорциях с символами и рисунками и служат для идентификации товаров и услуг. Обозначение совокупности прагматонимов может быть обозначено термином "*прагматонимия*".

Ономасиологический анализ прагматонимов проводится исходя из понятий принципа и способа номинации. У русских прагматонимов выделяются следующие способы номинации: лексико-семантический (онимизация, трансонимизация, заимствования), словообразовательный (аффиксация, перификация, словосложение), лексико-синтаксический (словосочетания и предложения), фонетический, комплексный. У китайских прагматонимов отмечаются следующие способы номинации: фонетический (звукоподражание, использование омофонов, рифмовок и звуков, ассоциативно связанные с особенностями товара, редупликация звуков), лексико-семантический (четыре подвида: простая, сложная, производная и особая семантизация), разные грамматические конструкции (сочинительная, атрибутивная, глагольно-объектная, предикативная конструкция).

Наличие сходных черт в способах номинации позволяет сделать вывод о том, что в русской и китайской прагматонимии существуют определённые закономерности создания названий, обусловленные как общей рекламной направленностью объекта номинации, так и национально-культурными и собственно языковыми особенностями. Несмотря на то, что русский и китайский языки являются неблизкородственными, способы номинации русских и китайских прагматонимов можно сопоставить друг с другом и учитывать при исследовании конкретного материала – в данном случае названий кондитерских изделий.

В рамках прагмалингвистики рассматривается номинативная ситуация присвоения прагматонимов, которая относится к сфере искусственной номинации, принадлежит к институированной сфере и разворачивается в рамках торгово-экономической деятельности. Режим осуществления номинативной деятельности в данной ситуации характеризует как речевой акт-установление деклативного типа, когда новое название целенаправленно изобретается и императивно закрепляется за каким-либо образцом продукции. Основными компонентами номинативной ситуации являются именующий субъект, именуемый объект и адресат. Все эти компоненты представляются в названиях русской и китайской кондитерских изделий.

Единым объектом номинации в нашей работе являются серийные выпускаемые кондитерские изделия, право на владение которыми индивидуализируется и императивно закрепляется в специальных законодательных актах. Данные изделия имеют упаковку и постоянные названия, которые соответствуют не только глобальным тенденциям, но и вкусам и национальным традициям русских и китайских потребителей.

С позиции отношения *автор – адресат* представляется классификация русских и китайских прагматонимов (названия кондитерских продуктов). Условно выделяется две группы – отобъектные (конкретные сведения о кондитерских продуктах) и отадресатные (ориентация на установление эмоционального контакта с адресатом) прагматонимы. Каждая группа разделяется на тематические подгруппы. Отобъектные делятся на названия, указывающие на место производства продукта, на состав продукта и на качество продукта, отадресатные – на названия, ориентированные на возраст адресата и на национально-культурные особенности адресата.

Сопоставительный анализ русских и китайских названий кондитерских изделий показал разные номинативные предпочтения у русских и китайских именующих субъектов. Китайские именующие субъекты в большей степени тяготеют к материальной культуре и народным традициям (тематические группы "Древняя история", "Праздники", "Семейные ценности") русские именующие субъекты преимущественно тяготеют к духовной культуре, ориентируясь при этом преимущественно на адресата-ребёнка (тематические группы "Музыка, театр", "Литература, фольклор"), заботясь о его воспитании и развитии.

Выявляются три прагматических принципа создания русских и китайских названий кондитерских изделий: принцип аффективности, принцип эстетичности и принцип языковой игры, на основании которых отбирают языковые единицы, эффективно воздействующие на адресата номинации. По степени нацеленности на эффективное воздействие на адресата русские и китайские прагматонимы мы условно разделили на непргматические (воздействие на адресата логическим путём) и прагматические (воздействие на адресата через его ассоциации и эмоции) и, исходя из данного разделения, исследовали в количественном и качественном отношениях. Количественный анализ показал преобладание прагматических названий, как в русском, так и в китайском материале (83% и 78% соответственно), что обусловлено принадлежностью названий кондитерских изделий к языку рекламы. В качественном отношении были проанализированы прагматические названия кондитерской продукции.

Анализ лингвистических средств прагматизации показал, что при создании названий русских и китайских кондитерских изделий внимание концентрируется на смысловой насыщенности, образности и эмоциальности названий, а также на их благозвучии. Однако некоторые лингвистические способы, применяемые при создании названий кондитерских изделий, по-разному представлены в русском и китайском материале. Для реализации принципа эстетичности у русских прагматонимов используются разыне фонетические способы, в китайском материале отмечается лишь один фонетический способ – повтор. Для реализации принципа языковой игры используются отдельные виды каламбура: у русских прагматонимов встречается только словообразовательный каламбур (создание названий с помощью суффиксации и словосложения), у китайских прагматонимов – фонетический (создание названий с использованием омофонов).

Кроме того, в основу создания некоторых русских и китайских названий кондитерских изделий положен манипулятивный принцип, для реализации которого употребляются такие лингвистические средства, как изменение атрибутивного компонента старого названия, усложнение и упрощение конструкции, подбор названий, относящихся к одной тематической группе. Сходные экономические условия в русской и китайской кондитерской промышленности определили сходство лингвистических способов создания манипулятивных прагматонимов.

Отметим, что в рассмотренных случаях с названиями кондитерских изделий манипуляция стимулирует борьбу за качество, а не связывается с обманом, т.к. при этом новые названия создаются на основе ранее не зарегистрированных сортовых названий.

Прагматическое воздействие на адресата усиливают паралингвистические средства, регулярно повторяющиеся на упаковке кондитерского изделия. Анализ нашего материала позволяет определить основные для создания названий кондитерских изделий паралингвистические средства – рисунки и символы, шрифт, цвет, и форма изделия. Каждое паралингвистическое средство выполняет определённые функции: иллюстративную, символическую, экспрессивную, характерологическую и манипулятивную. В работе мы рассматриваем данные виды паралингвистических средств в составе названий кондитерской промышленности в порядке их функциональной значимости, имеющей различия в русском и китайском материале: особенности китайской каллиграфии и преимущественная ориентация на взрослого потребителя определяют многофункциональность и прагматическую значимость шрифта в формлении китайских названий кондитерских изделий. Ориентация на потребителя-ребёнка определяет особую значимость рисунка и цвета в оформлении русских названий кондитерских изделий.

Некоторые сочетания лингвистических и пралингвистических средств выполняют манипулятивную функцию. Отмечены четыре вида таких сочетаний: 1) полная замена паралингвистической части – частичное изменение вербальной части; 2) частичная замена невербальной части – частичное изменение названия; 3) сохранение паралингвистического облика – частичное изменение названия; 4) сохранение паралингвистического облика – полное изменение названия.

Изучение данных паралингвистических средств, применяющихся для создания русских и китайских прагматонимов, позволило сделать вывод о том, что паралингвистические средства вместе с вербальным компонентом усиливают прагматическое воздействие названий кондитерской продуктов на адресата, упрощают и ускоряют их понимание, делают их адекватными тому, что хотел сказать адресант, подкрепляют и дополняют вербальную часть названия.

Таким образом, большинство рассмотренных лингвистических и паралингвистических средств прагматизации названий кондитерских изделий являются универсальными. Они дают определённое представление об образе жизни русского и китайского народов, об их традициях, вкусах, номинативных предпочтениях и в результате участвуют в формировании языковой картины мира человека.

Перспективу дальнейшего исследования мы видим, во-первых, в сопоставительном изучении особенностей функционирования русских и китайских прагматонимов в разновременных и разножанровых текстах; во-вторых; в уточнении прагматического воздействия прагматонимов на русского и китайского адресата с помощью социолингвистических опросов и ассоциативного эксперимента, а также в разработке способов перевода прагматонимов, наиболее приемлемых для восприятия носителями неблизкородственных лингвокультур.

ПРИЛОЖЕНИЕ

Паралингвистические средства прагматизации названий кондитерских изделий

1. Рисунки и символы

    1.1   Иллюстративная функция

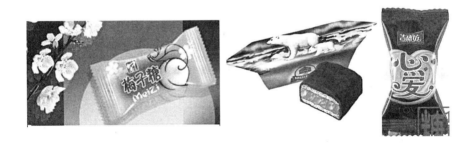

1.2　Символическая функция

1.3　Экспрессивная функция

1.4 Характерологическая функция

1.5　Сочетание перечисленных выше функций

2. Цвет

2.1　Эстетическая и экспрессивная функции

2.2   Иллюстративная функция

2.3   Характерологическая функция

3. Шрифт

3.1   Характерологическая функция

3.1.1   Сочетание с иллюстративной функцией

3.1.2 Китайская каллиграфия

3.2 Экспрессивная функция

4. Форма изделий

4.1　Иллюстративная функция

4.2   Экспрессивная функция

4.3   Эстетическая функция

5. Манипулятивная функция паралингвистических средств

5.1   Полная замена паралингвистической части – частичное изменение вербальной части

5.2 Частичная замена невербальной части – частичное изменение названия

5.3 Сохранение паралингвистического облика – частичное изменение названия

БИБЛИОГРАФИЯ

1. Амири Л.П. Языковая игра в российской и американской рекламе: дис. … канд. филол. наук. – Ростов на/Д., 2007. – 198 с.

2. Анисимова Е.Е. Паралингвистика и текст (к проблеме креолизованных и гибридных текстов) // Вопр. языкознания. – 1992. – №1. – с. 71–78.

3. Анисимова Е.Е. Лингвистика текста и межкультурная коммуникация (на материале креолизованных текстов): Учеб. пособие. – М.: Академия, 2003. – 128 с.

4. Арутюнова Н.Д. О номинативном аспекте предложения // Вопросы языкознания. – 1971. – № 6. – с. 63–73.

5. Арутюнова Н.Д. Фактор адресата // Изв. АН СССР. Сер. Лит. и яз. – (Т40.) 1981. – № 4. – с. 356–368.

6. Арутюнова Н.Д. Речевой акт // Лингвистический энциклопедический словарь. – М.: Сов. Энцикл., 1990. – с. 412–413.

7. Арутюнова Н.Д. Прагматика // Лингвистический энциклопедический словарь. – М.: Науч. Изд-во «Большая Российская энциклопедия», 1998. – с. 389–390.

8. Арутюнова Н.Д. Язык и мир человека. – М.: Яз. рус. культуры, 1999. – 896 с.

9. Баирова Р.К. Принципы именования предприятий в Китае // ИМЯ, СОЦИУМ, КУЛЬТУРА: материалы международной

II-ой байкальской ономастической конференции, 2008 г. – с. 236–237.

10. Базыма Б.А. Цвет и психика. – Харьков: ХГАК, 2001. – 172 с. [Электронный ресурс]. URL: http://psyfactor.org/lib/colorpsy.htm (дата обращения: 25.02.2010).

11. Богданов В.В. Речевое общение: прагматические и семантические аспекты. – Л.: Изд-во Ленингр. ун-та, 1990. – 88 с.

12. Болышева Н.Н. Языковая манипуляция национальным мышлением в условиях глобализации. [Электронный ресурс]. URL: http://www.rusnauka.com/PRNIT/Politologia/bolysheva%20n.n..doc.htm (дата обращения: 13.12.2009).

13. Бондалетов В.Д., Романова Т.П. Наименование предприятий и учреждений в первое советское десятилетие // ОНОМАСТИКА ПОВОЛЖЬЯ: материалы Седьмой конференции по ономастике Полвожья. – М.: Институт этнологии и антропологии РАН, 1997. – с. 189–196.

14. Бондалетов В.Д. Русская ономастика. – М.: Просвещение, 1983. – 224 с.

15. Березович Е.Л. Русская топонимия в этнолингвистическом аспекте: автореф. дис. ... д-ра филол. наук. – Екатеринбург: Урал. гос. ун-т им. А.М. Горького, 1999. – 39 с.

16. Березович Е.Л. Русская ономастика на современном этапе: критические заметки // Изв. АН. Сер. Лит. и яз. – (Т. 60.) 2001.– № 6. – с. 34–46.

17. Бурмистрова Т.Н. Сакральная фитонимия: лингвокульту-

рологический аспект: автореф. дис. ... канд. филол. наук. – Екатеринбург: Уральский Государственный Педагогический университет, 2008. – 23 с.

18. Бурмистрова Е.А. Названия произведений искусства как объект ономастики: автореф. дис. ... канд. филол. наук. – Волгоград: Волгоградский гос. пед. ун-т, 2006. – 21 с.

19. Ван Дейк Т.А. Язык. Познание. Коммуникация / пер. с англ. – М.: Прогресс, 1989. – 312 с.

20. Ван Минци Выражение количества в русском языке (с позиции носителя китайского языка): дис. ... канд. филол. наук. – Пенза, 2004. – 174 с.

21. Ван Ли Части речи // Новое в зарубежной лингвистике. – М.: Прогресс, 1989. – Вып. XXI: Языкознание в Китае. – с. 37–55.

22. Василевский А.Л., Савин-Лазарева Э.Л. Товарные знаки и проблемы их поиска. – М.: ЦНИИПИ, 1970. – Сер. 3. – 78 с.

23. Василевский А.Л. Семиотический анализ товарных знаков // Семиотические проблемы языков науки, терминологии и информатики. – М.: Издательство Московского университета, 1971. – Ч. 2. – с. 474–478.

24. Василевский А.Л. Некоторые вопросы ктематонимии // Этнография имен. – М.: Наука, 1984. – с.240–246.

25. Васильева Н.О., Нечушкина Е.А. Фальсификация и контрафакция товарных знаков // Маркетинг в России и за рубежом. – 2005. – №1. – с. 124–130.

26. Вежбицка А. Речевые акты // Новое в зарубежной лингвистике. – М.: Прогресс, 1985. – Вып. 16: Лингвистическая
прагматика. – с. 251–275.

27. Веккер Л.М. Психические процессы. – Л.: ЛГУ, 1981. – Т. 3. –
327 с.

28. Вепрева И.Т. Языковая рефлексия в постсоветскую эпоху. –
М.: ОЛМА-ПРЕСС, 2005. – 384 с.

29. Верещагин Е.М., Костомаров В.Г. Лингвострановедческая
теория слова. – М.: Русский язык, 1980. – 320 с.

30. Верещагин Е.М., Костомаров В.Г. Язык и культура:
Лингвострановедение в преподавании русского языка как
иностранного. – 3-е изд., перераб. и доп. – М.: «Русский
язык», 1983. – 269 с.

31. Веркман К. Товарные знаки: создание, психология, восприятие / пер. с англ. – М.: Прогресс, 1986. – 520 с.

32. Виноградова Н.А. Искусство Китая. – М.: Изобразительное искусство, 1988. – 97 с.

33. Витгенштейн Л. Философские исследования // Новое в зарубежной лингвистике. – М.: Прогресс, 1985. – Вып. XVI:
Лингвистическая прагматика. – с. 79–128.

34. Воркачев С.Г. Лингвокультурология, языковая личность,
концепт: становление антропоцентрической парадигмы в
языкознании // Филологические науки – 2001. – № 1. – с.
64–72.

35. Воробьёв В.В. Лингвокультурология: теория и методы. –

М.: РУДН, 1997. – 331 с.

36. Воробьёв В.В. Лингвокультурология: монография. – М.: РУДН, 2008. – 336 с.

37. Воропаев Н.Н. Прецедентные имена как носители скрытых смыслов // Скрытые смыслы в языке и коммуникации: сборник научных статей / под ред.-сост. И.А.Шаронов. – М.: РГГУ, 2007. – с. 58–71.

38. Врублевская О.В. Названия торжественных мероприятий: прагмалингвистический аспект (на материале русских и немецких номинаций): дис. ... канд. филол. наук. – Волгоград, 2006. – 172 с.

39. Врублевская О.В. Названия торжественных мероприятий: прагмалингвистический аспект: автореф. дис. ... канд. филол. наук. – Волгоград: Волгоградский гос. пед. ун-т, 2006. – 24 с.

40. Гак В.Г. К типологии лингвистических номинаций // Языковая номинация (общие вопросы). – М.: Наука, 1977. – с. 230–294.

41. Гак В.Г. Языковые преобразования. – М.: Яз. рус. культуры, 1998. – 768 с.

42. Гарбовская Н.Б. Онимные и отонимные новообразования в современных масс-медийных текстах: автореф. дис. ... д-ра филол. наук. – Майкоп: Адыгейский гос. ун-т, 2006. – 24 с.

43. Герчук Ю.Я. Художественные миры книги. – М.: Книга, 1989. – 238 с.

44. Гинзбург Е.Л. Из заметок по топонимике Достоевского // Слово Достоевского: Сб. ст. – М.: Ин-т рус. яз. РАН, 1996. – с. 67–72.

45. Глухарева О.Н. Художественное наследие Китая // Китайское изобразительное искусство. – М.: Изд-во Академии Художеств СССР, 1952. – с. 40–52.

46. Голев Н.Д. «Естественная» номинация объектов природы собственными и нарицательными именами // Вопросы Ономастики. – 1974. – Вып. 8–9. – с. 88–97.

47. Голев Н.Д. О соотношении семантических и мотивировочных признаков [Электронный ресурс]. URL: http://lingvo. asu.ru/golev/articles/z62.html (дата обращения: 02.10.2008).

48. Голев Н.Д. О некоторых общих особенностях принципов номинации в диалектной лексике флоры и фауны // Русские говоры Сибири. – Томск: Изд-во Томск. ун-та, 1981. – с. 12–20.

49. Голев Н.Д. Стихийная узуализация номинативных единиц // Известия Уральского государственного университета: Проблемы образования, науки и культуры. – Екатеринбург: Издво Уральского университета, 2001. – № 21. – Вып. 11. – с. 93–102.

50. Головницкая Н.П. Лингвокультурные характеристики немецкого гастрономического дискурса: автореф. дис. ... канд. филол. наук. – Волгоград: Волгоградский гос. ун-т, 2007. – 23 с.

51. Голомидова М.В. Искусственная номинация в топонимии: дис. ... канд. филол. наук. – Свердловск, 1988. – 216 с.

52. Голомидова М.В. Некоторые теоретические вопросы искусственной топонимической номинации // Из Номинации в ономастике. – Свердловск: Изд-во Урал. ун-та, 1991. – с 5–11.

53. Голомидова М.В. Искуссвенная номинация в русской ономастике: дис. ... д-ра филол. наук. – Екатеринбург, 1998. – 375 с.

54. Гончарова О. В магазинах предлагают «Радий» в шоколаде. – 2008. – 01 апреля [Электронный ресурс]. URL: http://www.kp.ru/daily/24073/310666/ (дата обращения: 14.03.2010).

55. Гордон Д., Лакофф Дж. Постулаты речевого общения // Новое в зарубежной лингвистике. – М.: Прогресс, 1985. – Вып. 16: Лингвистическая прагматика. – с. 276–302.

56. Горелов В.И. Пособие по переводу с китайского языка на русский. – М.: Наука, 1966. – 83 с.

57. Горелов В.И. Теоретическая грамматика китайского языка: учеб. пособие. – М.: Просвещение, 1989. – 318 с.

58. Городов О.А. Право на средства индивидуализации: товарные знаки, знаки обслуживания, наименования мест происхождения товаров, фирменные наименования, коммерческое обозначения. – М.: Волтерс Клувер, 2006. – 448 с.

59. Горшунов Ю.В. Прагматика аббревиатуры: монография. – М.: Прометей, 1999. – 219 с.

60. Горяев С.О. Номинативные интенции субъекта ономастической номинации (на материале русских прагмонимов): дис. ... канд. филол. наук. – Екатеринбург, 1999. – 165 с.

61. Гридина Т.А. Интерпретационное поле ономастической игры // Ономастика в кругу гуманитарных наук. – Екатеринбург: Изд-во Урал. ун-та, 2005. – с. 37–40.

62. Гудков Д.Б. Прецедентное имя и проблемы прецедентности. – М.: Изд-во Моск. ун-та, 1999. – 152 с.

63. Гурочкина А.Г. Манипулирование в лингвитсике. [Электронный ресурс]. URL:http://209.85.135.132/ search?q=cache:awe8mRl-ZW0J:ftp://lib.herzen.spb.ru/text/ gurochkina_5_136_141.pdf (дата обращения: 13.12. 2009).

64. Денисюк Е.В. Манипулятивное речевое воздействие: коммуникативно-прагматический аспект: автореф. дис. ... канд. филол. наук. – Екатеринбург: Урал. гос. ун-т. им. А.М. Горького, 2004. – 22 с.

65. Дерибере М. Цвет в деятельности человека. – М.: Изд-во лит-ры по строительству, 1964. – 184 с.

66. Драгилев А.И., Маршалкин Г.А. Основы кондитерского производства. – М.: ДеЛи Принг, 2007. – 532 с.

67. Дун Жань Концепт «свадьба» и свадебная коммуникация в русской и китайской лингвокультурах: дис. ... канд. филол. наук. – Волгоград, 2009. – 183 с.

68. Дун Жань Концепт «свадьба» и свадебная коммуникация в русской и китайской лингвокультурах: автореф. дис. ...

канд. филол. наук. – Волгоград: Волгоградский гос. пед. ун-т, 2009. – 19 с.

69. Ермолович Д.И. Имена собственные на стыке языков и культур. – М.: Р. Валент, 2001. – 200 с.

70. Журавлёв А. В. О предметной номинации // Способы номинации в современном русском языке. – М.: Наука, 1982. – с. 45–109.

71. Журавлев А.П. Звук и смысл. – М.: Просвещение, 1991. – 160 с.

72. Земская Е.А., Китайгородская М.А., Розанова Н.Н. Языковая игра // Русская разговорная речь: Фонетика. Морфология. Лексика. Жест. – М.: Наука, 1983. – с. 172–214.

73. Злыднева Н.В. Белый цвет в русской культуре XX века // Признаковое пространство культуры. – М.: Индрик, 2002. – с. 424–431.

74. Ильясова С.В., Амири Л.П. Языковая игра в коммуникативном пространстве СМИ и рекламы. – М.: Флинта: Наука, 2009. – 296 с.

75. Исаева З.Г., Исхакова Х.Ф., Подольская Н.В. Теория и методика ономастических исследований. Дискуссия. – М.: ИНИОН АН СССР, 1981. – 59 с.

76. Исакова А.А. Эволюция прагмонимического пространства: структура, семантика, прагматика (на материале современной механонимии): автореф. дис. … д-р. филол. наук. – Краснодар: Кубанский государственный университет,

2008. – 45 с.

77. Капр А. Эстетика искусства шрифта. – М.: Книга, 1979. –
    124 с.

78. Кондратьев М.Ю., Ильин В.А. Манипуляция психологи-
    ческая. – 2007 [Электронный ресурс]. URL: http://slovari.
    yandex.ru/dict/azbuka/article/azbuka/ps7-055.htm?text= (дата
    обращения: 10.10.2009).

79. Карасик В. И. Языковой круг: личность, концепты, дис-
    курс. – Волгоград: Перемена, 2002. – 477 с.

80. Киселева Л.А. Вопросы теории речевого воздействия. – Л.:
    Изд-во ЛГУ, 1978. – 160 с.

81. Кирпичева О.В. Ономастикон рекламного текста: автореф.
    дис. ... канд филол. наук. – Волгоград: Волгоградский гос.
    пед. ун-т, 2007. – 22 с.

82. Клушина Н.И. Убеждение и манипулирование: разграни-
    чение понятий // Русская речь. – 2007. – № 5. – С. 50–53.

83. Колшанский Г.В. Паралингвистика.– М.: КомКнига, 2005. –
    Изд. 2-е, доп. – 96 с.

84. Комолова З.П. Лексико-семантическая система прагмони-
    мов // Семиотические проблемы языков науки, терминоло-
    гии и информатики. – М.: Изд-во Московского универси-
    тета, 1971. – Ч. 2. – С. 369–399.

85. Комолова З.П. Опыт количественного исследования праг-
    монимов (на материале товарных знаков США) // Вопросы
    терминологии и лингвистической статистики. – Воронеж:

Изд-во Воронеж. ун-та, 1972. – с. 50–60.

86. Комолова З.П. Семантическая мотивированность прагмо-
    нимов (на материале товарных знаков СССР и США) //
    Проблемы семантики. – М.: Наука, 1974. – с. 333–339.

87. Когнитивно-дискурсивные аспекты лингвокультурологии:
    Кол. монография. – Волгоград: Перемена, 2004. – 255 с.

88. Копнина Г.А. Речевое манипулирование: учеб. пособие. –
    2-ое изд. – М.: Флинта, 2008. – 176 с.

89. Кравцова М.Е. История искусства Китая. – СПб.: Лань,
    1999. – 416 с.

90. Красавский Н.А. Эмоциональные концепты в немецкой и
    русской лингвокультурах: монография. – Волгоград: Пере-
    мена, 2001. – 495 с.

91. Красных В.В. Этнопсихолингвистика и лингвокультуроло-
    гия: курс лекций. – М.: ИТДГК «Гнозис», 2002. – 284 с.

92. Крюкова И.В. Основные номинационные процессы в пе-
    риферийной зоне ономастического пространства // Онома-
    стика Поволжья. – 1997. – с. 168–172.

93. Крюкова И.В. Рекламное имя: рождение, узуализация,
    восприятие: Учеб. пособие по спецкурс. – Волгоград: Пе-
    ремена, 2003. – 100 с.

94. Крюкова И.В. Типы ассоциативных реакций при восприя-
    тии коммерческих номенов // Методы современной комму-
    никации. – 2003. – Вып 1. – с. 119–127.

95. Крюкова И.В. Прагматоним: эволюция взглядов на словес-

ные товарные знаки в отечественной ономастической науке // Научная мысль Кавказа: Приложение. – 2004. – №2. – с. 121–125.

96. Крюкова И.В. Рекламное имя: от изобретения до прецедентности: монография. – Волгоград: Перемена, 2004. – 288 с.

97. Кубрякова Е.С. Части речи в ономасиологическом освещении. – М.: Наука, 1978. – 115 с.

98. Кузьменко Л. Искусство Китая. – М.: Советский художник, 1980. – 102 с.

99. Курганова Е.Б. Языковая игра в рекламе // Теория и практика рекламы. – СПб.: Изд-во Михайлова В. А., 2006. – с.400–412.

100. Курченкова Е.А. Манипулятивные характеристики рекламного дискурса // Меняющаяся коммуникация в меняющемся мире – 2. – Волгоград: Изд-во ФГОУ ВПО ВАГС, 2008. – Том 1. – с. 115–117.

101. Лейчик В.М. Номенклатура – промежуточное звено между терминами и собственными именами // Вопросы терминологии и лингвистической статистикой. – Воронеж: Изд-во Воронеж. ун-та, 1974. – с. 13–25.

102. Лейчик В.М. Люди и слова. – М.: Наука, 1982. – 176 с.

103. Леонович О.А. Очерки английской ономастики: Учеб. пособие. – Пятигорск: Пятигорск. гос. пед. инт иностр. яз., 1990. – 130 с.

104. Леонтьева А.А. Выбор имени. Традиции и новации (на материалах Ростова Великого 1983-2002 г.г.). [Электронный ресурс]. URL: http://www.rostmuseum.ru/publication/srm/014/leontieva01.html (дата обращения: 14.03.2010).

105. Ли Инъин Русская и китайская ойконимия в сопоставительном освещении: автореф. дис. … канд. филол. наук. – Волгоград: Волгоградский гос. пед. ун-т, 2002. – 25 с.

106. Лю Сун Коммуникативные и лингвоконцептологический характеристики русского и китайского погребальных обрядов: автореф. дис. … канд. филол. наук. – Волгоград: Волгоградский гос. пед. ун-т, 2009. – 19 с.

107. Ляпина М.А. Стратегические направления развития предприятий кондитерской промышленности России: автореф. дис. … канд. эконом. Наук. – Саратов: Саратовский государственный социально-экономический университет, 2008. – 24 с.

108. Мазилова А.Ю. Лингвистические основы построения вербальных товарных знаков // Ярославль: Культура, литература, язык. – 2005. – с. 9–13.

109. Малютенкова С.М. Товароведение и экспертиза кондитерских товаров. – СПб.: Питер, 2004. – 480 с.

110. Малявин В.В. Книга Мудрых Радостей. – М.: Наталис, 1997 (а). – 431 с.

111. Малявин В.В. Книга Прозрений. – М.: Наталис, 1997 (б). – 448 с.

112. Матвеев А.К. Топономастика и современность // Вопросы ономастики. – 1974. – Вып. 8–9. – с. 4–14.

113. Маслова В.А. Лингвокультурология: учебное пособие для студ. высш. учеб. заведений. – изд 2-е, стереотипное. – М.: Издательский центр «Академия», 2004. – 208 с.

114. Меньшиков И.И. Лингвистические фигуры манипуляции сознанием в системах официального общения. [Электронный ресурс]. URL: http://209.85.135.132/search?q=cache:8eULJX9YGB4J (дата обращения: 14.12.2009).

115. Михальская А.К. Педагогическая риторика: история и теория. – М.: Академия, 1998. – 432 с.

116. Москович В.А. Товарные знаки // Ономастика / под ред. В.А. Никонова, А.В. Суперанской. – М.: Наука, 1969. – с. 251–259.

117. Мордвинова Н.Г. Словесные товарные знаки алкогольных напитков (на материале русского, чувашского, французского, итальянского, испанского, немецкого и английского языков): автореф. дис. … канд. филол. наук. – Чебоксары: Чувашский государственный университет им. И.Н. Ульянова, 2008. – 27 с.

118. Мурзаев Э.М. Очерки топонимики. – М.: Мысль, 1974. – 381 с.

119. Намитокова Р.Ю., Нефляшева И.А. Онимное словообразование и словообразовательный потенциал онима // Пробле-

мы общей и региональной ономастики: Материалы VI Всероссийской конференции. – Майкоп: Изд-во АГУ, 2008. – с. 33–36.

120. Николаева Т.М. Паралингвистика // Лингвистический энциклопедический словарь. – 2-е изд., дополнение. – М.: Большая Российская Энциклопедия, 2002. – с. 367.

121. Новичихина М.Е. Коммерческая номинация: монография. – Воронеж: Изд-во Ворон. гос. ун-та, 2003. – 192 с.

122. Новичихина М.Е. Коммерческое название, рекламный текст, бренд, товарный знак, номен: разграничение понятий // Вестник ВГУ. – 2004. – №1. – с. 165–170.

123. Норман Б.Ю. Игра на гранях языка. – М.: Флинта: Наука, 2006. – 344 с.

124. Ономастика Поволжья: Тез. докл. IX междунар. конф. Волгоград / В.И. Супрун, Р.Ш. Джарылгасинова, И.В. Крюкова [и др.] / под отв. ред. В.И. Супруна. – Волгоград.: Перемена, 2002. – 228 с.

125. Осильбекова Д.А. О чём говорят названия продуктов питания? // Русская речь. – 2009. – №2. – с. 57–59.

126. Остин Дж. Слово как действие // Новое в зарубежной лингвистике. – М.: Прогресс, 1986. – Вып. 17. – с. 22–130.

127. Павловская А.В. Традиции питания и национальная культура // Лингвистика и межкультурная коммуникация. – М.: Моск. ун-та, 2009. – №2. – С 41–58.

128. Песоцкий Е. Современная реклама. Теория и практика. –

Ростов н/Д.: Феникс, 2001. – 320 с.

129. Пирогова Ю.К. Речевое воздействие и игровые приёмы в рекламе // Рекламный текст: Семиотика и лингвистика. – М.: Изд. Дом Гребенникова, 2000. – с. 167–190.

130. Пирогова Ю.К. Скрытые и явные сравнения: к вопросы о границах правды и лжи в рекламе // Рекламный текст: Семиотика и лингвистика. – М.: Изд. Дом Гребенникова, 2000. – с. 76–95.

131. Пирогова Ю.К. Имплицитная информация как средство коммуникативного воздействия и манипулирования (на материале рекламнных и PR-сообщений) // Scripta linguisticae applicatae. Проблемы прикладной лингвистики – 2001. – М.: «Азбуковник», 2001. – с. 209–227.

132. Пирогова Ю.К. Мастер-класс. Технологии эффективного воздействия в рекламе (стратегическое планирование и креатив). – М.: Изд-во дом Гребенникова, 2007. – 166 с.

133. Плотников Б.А. Семиотика текста: Параграфемика: учеб. пособие. – Минск: Вышэйш. шк., 1992. – 190 с.

134. Попова Е.С. Структура манипулятивного воздействия в рекламном тексте // Изв. Урал. гос. ун-та. – Екатеринбург, 2002. – № 24. – с. 276–288.

135. Попова Е.С. Рекламный текст и проблемы манипуляции: автореф. дис. … канд. филол. наук. – Екатеринбург: Урал. гос. ун-та им. А.М. Горького, 2005. – 27 с.

136. Пятковская Е.С. Типология и специфика вербальных ин-

терпретаций произведений живописи Китая и Японии: дис. ... канд. филол. наук. – Саратов, 2009. – 243 с.

137. Ражина В.А. Ономастические реалии: лингвокультурологический и прагматический аспекты: автореф. дис. ... д-ра филол. наук. – Краснодар: Ростовский гос. пед. ун-т, 2007. – 26 с.

138. Розенталь Д.Э., Голуб И.Б., Теленкова М.А. Современный русский язык. – 8-ое изд. – М.: Айрис-пресс, 2006. – 448 с.

139. Романов А.А., Черепанова И.Ю., Ходырев А.А. Тайны рекламы. – Тверь: ТГСХА, 1997. – 290 с.

140. Романова Т.П., Из истории торговых марок в России // Этнографическое обозрение. – 2007. – №1. – с. 132–136.

141. Романова Т.П. Система способа словообразования рекламных собственных имён // Вестник / под ред. Г.П. Ярового. – Самара: Изд-во Самар. ун-та, 2007. – № 5/2(55). – с. 204–214.

142. Романова Т.П. Эволюция типов рекламных имён в истории русской эргонимии (XIX – начало XXI вв.) // Вестник / под ред. И.А. Носков. – Самара: Изд-во Самар. ун-та, 2009. – № 3 (69). – с. 174–180.

143. Рут М.Э. Образная номинация в русской ономастике. – М.: Изд-во ЛКИ, 2008. – 192 с.

144. Рыкова И.В. Товарный знак как способ защиты прав, торговая марка как средство продвижения. История и перспективы развития // Маркетинг в России и за рубежом. – 2002. – №3. – с. 95–108.

145. Рябкова Н.И. Языковая игра в рекламном тексте // Культура и сервис: взаимодействие, инновации, подготовка кадров: материалы 1-ой межрегиональной научно-практической конференции. – СПб.: Изд-во СПб ГУСЭ, 2009. – с. 137–140.

146. Санников В.З. Русский язык в зеркале языковой игра. – М.: Яз. рус. культуры, 1999. – 544 с.

147. Санников В.З. Русский язык в зеркале языковой игра. – М.: Языки славянкой культуры, 2002. – 552 с.

148. Светлана Б. О чём говорят цвета // Энциклопедия этикета. – 2003 [Электронный ресурс]. URL: http://www.passion.ru/etiquette.php/vr/16/ (дата обращения: 25.02.2010).

149. Сёрль Дж. Р. Референция как речевой акт // Новое в зарубежной лингвистике. – М.: Радуга, 1982. – Вып.XIII: Логика и лингвистика (проблема референции). – с. 179–202.

150. Сёрль Дж. Р. Что такое речевой акт? // Новое в зарубежной лингвистике. – М.: Прогресс, 1986. – Вып. XVII: Теория речевых актов. – с. 151–169.

151. Сёрль Дж. Р. Классификация иллокутивных актов // Новое в зарубежной лингвистике. – М.: Прогресс, 1986. – Вып. XVII: Теория речевых актов. – с. 170–194.

152. Современный русский язык / Д.Э. Розенталь, И.Б. Голуб, М.А. Теленкова. – 8-е изд. – М.: Айрис-пресс, 2006. – 448 с.

153. Соловьева М.А. Роль аллюзивного антропонима в создании вертикального контекста (на материале романов А.

Мердок и их русских переводов): автореф. дис. … канд. филол. наук. – Екатеринбург: Уральский гос. пед. ун-т., 2004, – 23 с.

154. Сотникова Е.А. Ономастическое пространство названий парфюмерной продукции в русском языке: автореф. дис. … канд. филол. наук. – Елец: Елецкий гос. ун-т им. И. А. Бунина, 2006. – 23 с.

155. Способы номинации в современном русском языке / Д.Н. Шмелев, А.Ф. Журавлев, О.П. Ермакова [и др.] / под отв. ред. Д.Н. Шмелева. – М.: Наука, 1982. – 296 с.

156. Стадульская Н.А. Функционально-прагматическая направленность и лингвистический статус товарных знаков (на материале англиского языка): дис. … канд. филол. наук. – Пятигорск, 2003. – 187 с.

157. Стадульская Н.А. Восприятие товарных знаков потребителями и их эффективное использование в СМИ // ЧЕЛОВЕК В ИНФОРМАЦИОННОМ ПРОСТРАНСТВЕ. – Ярославль: «Истоки», 2006. – Вып. 5. – с. 171–176.

158. Суперанская А.В. Общая теория имени собственного: монография. – М.: Наука, 1973. – 366 с.

159. Суперанская А.В., Соболева Т.А. Товарные знаки: монография. – М.: Наука, 1986. – 176 с.

160. Суперанская А.В. Товарные знаки и знаки обслуживания в России // METODOLOGIA BADAŃ ONOMASTYCZNYCH. – Olsztyn, 2003. – с. 527–542.

161. Супрун В.И. Ономастическое поле русского языка и его художественно-эстетический потенциал. – Волгоград: Перемена, 2000. – 172 с.

162. Сухотерин Д.Я. Первые опыты ребрендинга в условиях становления капитализма в Российской империи // Меняющаяся коммуникация в меняющемся мире – 2. – Волгоград: Изд-во ФГОУ ВПО ВАГС, 2008. – Т. 1. – с. 120–123.

163. Теория и методика ономастических исследований. – М.: Наука, 1986. – 145 с.

164. Торопцев И.С. Предмет, задачи, материал и методы ономасиологии // Проблемы ономасиологии. – Орел, 1974. – с. 35–42.

165. Торсуева И.Г. Контекст // Лингвистический энциклопедический словарь. – 2-е изд., дополнение. – М.: Большая Российская энциклопедия, 2002. – С. 238–239.

166. Тульнова М.А. Влияние глобализации на восприятие пространства и времени // Меняющаяся коммуникация в меняющемся мире – 2. – Волгоград: Изд-во ФГОУ ВПО ВАГС, 2008. – Том 1. – с. 24–26.

167. Уварова У.А. Фоновые знания в рекламе // Чествуя филолога: к 75-летию Ф.А. Литвина. – Орел: Орловская правда, 2002. – с. 90–96.

168. Ученова В.В., Старых Н.В. История рекламы: учебник. – изд. 2-е. – СПб.: Питер, 2002. – 303 с.

169. Ушакова Т.Н. Теоретические основания возрастной психо-

лингвистики // Онтогенез речевой деятельности: норма и патология: материалы всероссийской научной конференции. – М.: Прометей, 2005. – Ч. 1. – с. 64–71.

170. Файзуллина И.И. Ономастическое поле прагматонимов современного русского языка: автореф. дис. ... канд. филол. наук. – Уфа: Башкирский гос. педуниверситет им. М. Акмуллы, 2009. – 26 с.

171. Федосюк М.Ю. Нерешенные вопросы теории речевых жанров // Вопр. языкознания, 1997. – № 5. – с. 102–120.

172. Фоменко О.С. Прагматонимы-глобализмы: лингвистический статус и функциональная специфика: дис. ... канд. филол. наук. – Волгоград, 2009. – 209 с.

173. Фу Цзыдун Функция и позиция слова // Новое в зарубежной лингвистике. – М.: Прогресс, 1989. – Вып. XXI: Языкознание в Китае. – с. 56–80.

174. Хроленко А.Т. Основы лингвокультурологии. – 2-е изд. – М.: Флинта: Наука, 2005. – 184 с.

175. Цзоу Сюецян. Лингвокультурная специфика концепта «Чай» и её учёт в обучении русскому языку китайских студентов: автореф. дис. ... д-ра. филол. наук. – СПБ: Российский гос. пед. ун-т им. А.И. Герцена, 2007. – 22 с.

176. Чайков М.Ю., Чайкова А.М. Товарный знак как объект авторского права // Маркетинг в России и за рубежом. – 2007. – № 5(61). – с. 44–47.

177. Чармэссон Г. Торговая марка: как создать имя, которое

принесет миллион. – СПб.: Питер, 1999. – 224 с.

178. Чесноков И.И. Месть как эмоциональный поведенческий концепт (опыт когнитивно-коммуникативного описания в контексте русской лингвокультуры): монография. – Волгоград: Изд-во ВГПУ «Перемена», 2008. – 261 с.

179. Шаховский В.И. Лингвистическая теория эмоций: монография. – Волгоград: Перемена, 2008. – 419 с.

180. Шевченко А.С. Бренд как имя // ИМЯ, СОЦИУМ, КУЛЬТУРА: материалы международной. II-ой байкальской ономастической конференции. – Улан-Удэ: Изд-во Бурятского гос. ун-та, 2008. – с. 280–282.

181. Шимкевич Н.В. Русская коммерческая эргонимия: прагматический и лингвокультурологический аспекты: автореф. дис. … канд. филол. наук. – Екатеринбург: Урал. госуниверситет, 2002. – 23 с.

182. Шмелев Д.Н. Очерки по семасиологии русского языка. – М.: Просвещение, 1964. – 244 с.

183. Щетинин Л.М. Имена и названия. – Ростов н/Д.: Изд-во Рост. ун-та, 1968. – 215 с.

184. Шулунова Л.В. Роль имён собственных в формировании регионального бренда // ИМЯ, СОЦИУМ, КУЛЬТУРА: материалы международной. II-ой байкальской ономастической конференции. – Улан-Удэ: Изд-во Бурятского гос. ун-та, 2008. – с. 282–283.

185. Щичко В.Ф. Китайский язык. Теория и практика перевода. –

М.: Восток-Запад, 2004. – 224 с.

186. Языковая номинация (общие вопросы). – М.: Наука, 1977. – 359 с.

187. Языковая номинация (Виды наименований). – М.: Наука, 1977. – 358 с.

188. Яковлева О.Е Особенности процесса апеллятивации в сфере коммерческих наименований // Наука. Университет. 2005: материалы 6-ой науч. конф. – Новосибирск: Агентство «Сибпринт», 2005. – с. 196–199.

189. Яковлева О.Е. Семиотические типы прагматонимов современного русского языка: автореф. дис. ... канд. филол. наук. – Новосибирск: Новосибирский гос. ун-т, 2006. – 21 с.

190. Яшина М.Г. Методика исследования культурно-маркированной лексики // Вестник Моск. ун-та. 2009. – Серия 19. – с. 192–199.

191. 曹炜、王军元 (Цао Вэй, Ван Цзюньюань)：《商品叫卖语言》，汉语大词典出版社2006年版。

192. 岑运强、鲍晓倩等 (Цэнь Юньцян, Бао Сяоцин и др)：《语言学概论》，中国人民大学出版社2004年版。

193. 顾嘉祖等 (Гу Цзяцзу и др)：《语言与文化》，上海外语教育出版社1990年版。

194. 郭思华 (Го Сыхуа)：《商标中的语言文字仿冒》，http://www.80075.com/zhiyejiaoyu/200901/19-634965.shtml（访问时间：2010年3月10日）。

195. 李荣 (Ли Жун)：《行业协会：中国糖果行业受三聚氰胺奶粉事件影响有限》，新华网，http://news.xinhuanet.com/newscenter/2008-11/25/content_10411899.htm（访问时间：2009年8月19日）。

196. 林祥楣 (Линь Сянмэй)：《现代汉语》，语文出版社1997年版。

197. 马东岐、康为民 (Ма Дунци, Кан Вэйминь)：《中华商标与文化》，中国文史出版社2007年版。

198. 马勇 (Ма Юн)：《中国糖果业:后来者居上》，《销售与市场》2000年第8期，http://www.emkt.com.cn/article/29/2933.html（访问时间：2009年8月19日）。

199. 王逸凡 (Ван Ифань)：《品牌中国》，五洲传播出版社2007年版。

200. 吴汉江、曹炜(У Ханьцзян, Цао Вэй)：《商标语言》，汉语大词典出版社2005年版。

201. 张述任 (Чжан Шужэнь)：《吉祥品牌》，中国商业出版社2007年版。

202. 朱亚军 (Чжу Яцзюнь)：《试论对比法在语言学习中的运用》,《黑龙江高教研究》1991年第2期。

203. 朱亚军 (Чжу Яцзюнь)：《说类后缀》,《赣南师院学报》1991年第3期。

204. 朱亚军 (Чжу Яцзюнь)：《商标命名研究》，上海外语教育出版社2003年版。

205. 左旭初 (Цзо Сюйчу)：《中国商标史话》，百花文艺出版社2002年版。

Лексикографические источники

1. Ахманова О.С. Словарь лингвистических терминов. – М.: Ком Книга, 2007. – 522 с.

2. БСЭ – Большая советская энциклопедия / Гл. Ред. А.М. Прохоров. – 3-е изд. – М.: Изд-во «Советская энциклопедия», 1974. – Т. 15. – 631 с.

3. Большой толковый словарь русского языка / Под ред. Д.Н. Ушакова. – М.: Изд-во АСТ: Изд-во Астрель, 2004. – 1268 с.

4. ВП – Википедия Свободная энцикл. [Электронный ресурс]. – URL: http://ru.wikipedia.org (дата обращения: 15.05.2008).

5. Краткий экономический словарь / Сост. В.П. Белкин, Ф.И. Жбанов. – Волгоград: Перемена, 1992. – 68 с.

6. Лопатин В.В., Лопатина Л.Е. Русский толковый словарь. – М.: Рус. яз., 2000. – 834 с.

7. ЛЭС – Лингвистический энциклопедический словарь / Гл. Ред. В. Н. Ярцева. – М.: Сов. Энцикл., 1990. – 685 с.

8. ЛЭС – Лингвистический энциклопедический словарь / Гл. Ред. В. Н. Ярцева. – 2-е изд., доп. – М.: Большая Российская Энциклопедия, 2002. – 709 с.

9. Ожегов С.И. Словарь русского языка. – 14-е изд., стереотип. – М.: Русский язык, 1983. – 816 с.

10. Ожегов С.И. Словарь русского языка. – 24-е изд., испр. – М.: ООО «Издательский дом «ОНИКС 21 век»: ООО «Издательство «Мир иобразование», 2004. – 1200 с.

11. Подольская Н.В. Словарь русской ономастической терми-нологии. – М.: Наука, 1978. – 198 с.

12. Подольская Н.В. Словарь русской ономастической терми-нологии. – 2-е изд. перераб. и доп. – М.: Наука, 1988. – 187 с.

13. 《大俄汉词典》，商务印书馆1998年版。

14. 《汉俄词典》，商务印书馆1992年版。

15. 刘锡诚、王文宝主编：《中国象征辞典》，天津教育出版社1991年版。

16. 《新华字典》，商务印书馆1990年版。

17. 《中华成语大辞典》，吉林文史出版社1987年版。

Источники иллюстративного материала

А. Текстовые источники

1. Глобальные тенденции в производстве кондитерских изде-лий // Кондитерское производство. – 2008. – № 1. – с 6–9.

2. Закон РФ от 13 сент. 1992 г. № 3520 – 1 «О товарных зна-ках, знаках обслуживания и наименованиях мест проис-хождения товаров».

3. Кондитерское производство: журнал (за период 4.2007 – 6.2007).

4. Кондитерское производство: журнал (за период 1.2008 – 6.2008).

5. Кондитерское производство: журнал (за период 1.2009 – 3.2009).

6. Кондитеры подводят итоги и намечают перспективы // Кондитерское производство. – 2009. – № 2. –с. 6–15.

7. Красноярск: кондитерам запретили использовать советские названия для конфет. – 2008 [Электронный ресурс]. URL: http://www.innovbusiness.ru/NewsAM/NewsAMShow.asp?ID=11259 (дата обращения: 15.02.2010).

8. Манипуляция психологическая // под ред. Кондратьева М.Ю. – 2005 [Электронный ресурс]. URL: http://slovari.yandex.ru/dict/psychlex4/article/PS4/ps4-0116.htm?text= (дата обращения: 10.10.2009).

9. Обзор отрасли: кондитерская промышленность. URL: http://www.ecsocman.edu.ru/db/msg/163720.html (дата обращения: 06. 08. 2009 г.).

10. "Приморский кондитер" переименовал конфеты. – 2008 [Электронный ресурс]. URL: http://novostivl.ru/msg/4799.htm (дата обращения: 15.02.2010).

11. Сладкие блюда и кондитерские изделия. [Электронный ресурс]. URL: http://russiankitchen.narod.ru/3-4.htm (дата обращения: 25.01.2010).

12. Сладкие сумочки и шоколадный BMW. Съедобные экспонаты китайского музея. – 2010 [Электронный ресурс]. URL: http://www.rian.ru/video/20100129/206909770.html (дата обращения: 15.02.2010).

13. Скрытая реклама наносит удар прямо в мозг – 2007 [Электронный ресурс]. URL: http://reklama-net.ru/tehnology/

material.php?mid=49 (дата обращения: 15.05.2008).

14. "历年糖果产量统计表"，中国糖果工业网，URL: http://www.cncanorg.com.cn/memberarea/show.asp?id=2119（访问时间：2009年8月20日）。

15. "SB10346-2007糖果分类"，中国糖果工业网，http://www.cncanorg.com.cn/hangyeqikan/show/asp?id=1551 (访问时间：2009年8月20日)。

16. "书法字体"，百度百科，http://baike.baidu.com/view/3250421.htm（访问时间：2010年2月24日）。

17. 《未来五年糖果业发展趋势》，百纳网，URL: http://www.ic98.com/info/nongye/249/2009521/42729.Html (访问时间：2009年8月19日)。

18. 《喜糖：糖果细分品类的突破口》，中国糖果工业网，http://www.cncanorg.com.cn/hangyeqikan/show.asp?id=3995 (访问时间：2009年8月20日)。

19. 《中国糖果行业的现状，发展趋势及战略》，中国糖果工业网，http://www.candychina.net//cnews//news_show.asp?id=1925 (访问时间：2009年8月27日)。

20. 《英汉"红色"和"黄色"词汇对比研究》，http://www.studa.net/yingyu/080523/08455936.html（访问时间：2010年2月25日）。

21. 《中国古代皇帝制度》，http://baike.baidu.com/view/48303.htm（访问时间：2009年9月18日）。

22. 《中国后宫等级制度》，http://zhidao.baidu.com/question/9735559.html（访问时间：2009年9月18日）。

23. 《中华人民共和国商标法》（1982年8月23日第五届全国人

民代表大会常务委员会第二十四次会议通过，根据1993年
2月22日第七届全国人民代表大会常务委员会第三十次会
议《关于修改〈中华人民共和国商标法〉的决定》第一次
修正，根据2001年10月27日第九届全国人民代表大会常务
委员会第二十四次会议《关于修改〈中国人民共和国商标
法〉的决定》第二次修正）。

Б. Электронные каталоги кондитерских изделий

Русские каталоги:

1. http://www.shokolad.biz/products.php?category=3

2. http://www.shokolad.biz/products.php?company=2

3. http://www.xleba.ru/kf_nalchik-sladost

4. http://www.fabrikakonfet.ru/

5. http://www.kfsibir.ru/company/index.html

6. http://www.red-star.ru/page.php?name=diabet

7. http://www.lamzur.ru/

8. http://my-ki.ru/articles.php?n=141&c=5&a=2358&l=51

9. http://inchokolate.ru/news/view/628

10. http://www.dobrye-vesty.ru/

11. http://www.rosdr.ru/food/category/150.html

12. http://www.slavjanka.ru/

13. http://www.pkf.perm.ru/ru/

14. http://www.konditer-penza.ru/firms/region_38/

15. http://www.bogatire.ru/

16. http://www.confil.ru/

17. http://www.my-ki.ru/articles.php?n=164&c=2&a=5626&l=103

18. http://diaopt.ru/catalog

19. http://www.krupskaya.com/news.html

20. http://www.gintercompany.ru/Catalogue/Brand/45

21. http://www.akkond.ru/prod.aspx

22. http://www.sibkon.ru/

23. http://www.nestle.ru/company/inrussia/Default.aspx

24. http://zaokatusha.ru/

25. http://www.tikkom.ru/

26. http://www.lubkuban.ru/

27. http://www.samcond.com/

28. http://www.uniconf.ru/

29. http://www.zolotoe-pravilo.ru/

30. http://roslak.atilekt.com/page_pid_14_lang_1.aspx

Китайские каталоги:

1. http://www.gsygroup.com.cn/cn/product/gsynt/cn/index/

2. http://www.yakefood.com/main.php

3. http://www.zhongyifood.com/

4. http://www.lixiangfood.com.cn/

5. http://jinsihou001.cn.gongchang.com/product.html

6. http://www.huikangfood.cn/newEbiz1/EbizPortalFG/portal/
    html/index.html

7. http://www.lbxx.cn/main.asp

8. http://www.xiaomimi.com.cn/c/index2.htm

9. http://www.jinguan.com.cn/gb.asp

10. http://www.cncanorg.com.cn/comapny/show.asp?id=1906

11. http://daxinfoods.cn.alibaba.com/

12. http://lyfushijia.cn.alibaba.com/

13. http://haoyuantg.cn.alibaba.com/

14. http://jamsonfood.cn.alibaba.com/

15. http://stfeifan.cn.alibaba.com/

16. http://newopportunity.cn.alibaba.com/

17. http://yuguoguofood.cn.alibaba.com/

18. http://angelfun.cn.alibaba.com/

19. http://www.hsufuchifoods.com/cn/main.html

20. http://zhengdahesp.cn.alibaba.com/

21. http://www.ascentfood.cn/

22. http://www.petalai.com.hk/gs/chinese/product02.php

23. http://pinyijia.cn.makepolo.com/companyProduct.html

24. http://detail.china.alibaba.com/company/detail/gdjmzcom.html

25. http://www.zhuangyuanfoods.com.cn/

26. http://shjlsp.cn.alibaba.com/

27. http://detail.china.alibaba.com/company/detail/tina200809.
html

28. http://tenglefoods.cn.alibaba.com/

29. http://candyqueenhz.cn.makepolo.com/companyProduct/132002009.
html

30. http://www.tangguo-derongjinhong.cn/